외국인을 위한

원픽 한자 1

ONE PICK HANJA 1

한국어 배우기 시리즈 5

외국인을 위한 원픽 ONE PICK HANJA 1 한자(漢字) 1

박지선 · 김천미
정재은 · 권미경 공저

15주 완성 | 학습 체크지 | 종합문제 2회 및 풀이 | 영어, 중국어, 베트남어 어휘 색인 수록

dm 동문사

머리말

전 세계적으로 한국어를 배우는 학습자의 수가 급증하고 있는 가운데 학습자의 한국어 수준 또한 점차 높아지고 있다. 이에 한국어 학습자의 한자 어휘에 대한 관심도 커지고 있다.

한국어 어휘에서 한자가 차지하는 비중이 작지 않아 한자를 알면 의미를 더 정확히 이해할 수 있고, 어휘력을 확장하는 데에도 유리하다. 예를 들어 '학교(學校)'에서 '학(學)'의 의미를 알게 되면 '학생(學生)' 또는 '학기(學期)'라는 어휘를 보았을 때 어휘 구성의 원리에 대해 이해할 수 있으며, '학습(學習)'이라는 어휘의 의미까지도 더 쉽게 유추해 낼 수 있다.

이 책은 초급 수준의 한국어 학습자들도 큰 어려움 없이 이해하고 학습할 수 있는 수준의 한자 어휘로 구성되어 있다. 이 책은 특별히 한자 어휘만 나열한 것이 아니라 각 과마다 한자 어휘를 사용한 대화 및 짧은 글이 있어 실제 생활에서 한자 어휘가 어떻게 사용되는지를 생생하게 보여 준다. 이를 통해 어휘 확장과 동시에 읽기나 말하기 학습도 병행할 수 있다.

한자 어휘는 학습자들이 이해하기 쉬운 수준으로 설명되어 있으며, 제시된 한자 어휘를 사용한 예문을 학습하여 자연스럽게 그 의미 및 문장에서의 용례를 파악할 수 있게 하였다. 또한 각 과의 앞과 뒤에는 그 과의 주제와 관련이 있는 한자 어휘를 다양한 형식으로 소개하여 학습자들이 흥미롭게 학습할 수 있도록 구성하였다.

이 책을 통해 한국어 초 · 중급 수준의 학습자가 한자 어휘의 기초를 다지고 어휘 확장 능력을 키워 말하기, 쓰기, 읽기, 듣기 능력까지도 함께 발전시키는 데에 큰 도움이 되기를 바란다.

이 책을 출간해 주신 동문사 이중수 사장님과 유재영 상무님, 중국어와 베트남어 번역에 도움을 준 발렌티나 리 씨와 부티응억 씨께 감사를 드린다.

2025년 1월
저자 일동

일러두기

- 『원픽 한자 1』은 초 · 중급 수준의 한국어 학습자들이 한자와 한자 어휘를 익혀서 어휘 활용 능력이 향상되는 것을 목적으로 한 교재이다.

- 이 교재의 예상 독자는 한국어를 초급 이상 학습한 학습자, 한국어 교육 기관에서 한자반 수업을 듣는 학습자, 토픽 시험에서 어휘 능력을 향상시켜 원하는 등급을 받고자 하는 학습자 등이다. 또한 한자를 가르치는 한국어 교사도 쉽게 가르칠 수 있도록 내용을 구성하였다.

- 이 교재 속 한자 어휘는 한자 어휘를 처음 접하는 한국어 학습자들도 이해하기 쉬운 의미 설명과 예문을 제시하였다. 그리고 실생활에서 많이 사용되는 어휘들로 실용적인 언어를 연습할 수 있도록 하였다.

- 한자 어휘의 의미 학습, 어휘 확장, 실용적 예문, 연습 문제 풀어보기, 정답 등을 통하여 학습자가 예습, 복습을 하고, 자기 주도적으로 학습을 할 수 있도록 구성하였다. 각 과의 내용과 본문 구성은 학습자의 흥미를 유발하고, 한자 어휘 학습에 동기 부여를 할 수 있도록 하였다.

- 이 교재는 13개의 과와 종합문제 1, 2로 나누어져 15주 동안 학습할 수 있게 하였다. 각 과에는 주제에 따라 대화 형식이나 짧은 글을 넣었고, 한자 어휘는 주제와 관련된 용어를 바탕으로 제시하였다. 각 과는 〈漢字 알아보기〉, 〈오늘의 漢字〉, 〈漢字 배우기〉, 〈새 漢字 공부하기〉, 〈漢字 더 배워 보기〉, 〈漢字 써 보기〉로 구성하였다.

- 〈漢字 알아보기〉에서는 각 과의 도입부에서 주제와 관련된 기초 한자와 어휘를 다양한 방식으로 설명하여 흥미를 유발하고 본문을 이해하는 데 도움을 주고자 하였다. 방향, 숫자, 요일과 시간, 나라 이름, 위치, 계절, 가전제품, 몸, 직업, 취미, 가족 등의 주제와 관련된 실용 단어를 한자로 익힐 수 있도록 구성하였다.

- 〈오늘의 漢字〉에서는 각 과의 주제와 관련된 대화 형식이나 짧은 글의 본문과 함께 7~8개의 새로운 한자를 제시하였다.

- 〈漢字 배우기〉에서는 본문에 나오는 5~6개의 새 한자 어휘와 그 의미를 영어로 제시하였다.

- 〈새 漢字 공부하기〉에서는 〈오늘의 漢字〉에 나오는 한자의 소리와 뜻을 제시하고 직접 쓰는 연습을 할 수 있도록 구성하였다. 한자가 들어간 어휘를 확장하고, 그 어휘를 활용한 실용적인 예문을 제시해 각 어휘가 문장에서 어떻게 쓰이는지 알 수 있도록 하였다. 이와 함께 하단에 정답을 제시하여 학습자가 바로 정답을 확인할 수 있게 하였다.

- 〈漢字 더 배워 보기〉에서는 알아 놓으면 유용한 한자의 생성 원리, 부수, 반대 의미를 가진 한자, 동물, 장소, 학교, 전공, 음악, 미술과 관련된 한자 어휘, 不, 非, 無 등 반대의 의미를 만드는 한자를 추가로 제시하여 풍부한 한자 지식을 습득할 수 있도록 구성하였다.

일러두기

- 〈漢字 더 써 보기〉에서는 堂(당), 週(주), 學(학), 地(지) 習(습), 風(풍), 連(연), 家(가), 作(작), 病(병), 면(面), 음(音), 방(放)의 쓰는 순서를 단계별로 자세히 보여 주어 학습자가 직접 필순에 따라 써 볼 수 있도록 하였다.

- 〈종합문제 1〉은 1과부터 6과까지, 〈종합문제 2〉는 7과부터 13과까지 배운 한자를 확인하고 평가할 수 있도록 구성하였다. 〈정답〉을 바로 뒤에 제시하여 학습자가 스스로 자신의 실력을 확인할 수 있도록 하였다. 교사는 〈종합문제 1〉, 〈종합문제 2〉를 활용해 중간시험, 기말시험을 준비할 수 있다.

- 〈15주 완성 학습 체크하기〉를 통해 학습자들이 자율적으로 자신의 학습 진도를 확인할 수 있도록 하였다.

- 〈찾아보기〉에서는 한자 어휘를 영어, 중국어, 베트남어로 함께 표기하여 한국어 학습자가 쉽게 어휘를 학습할 수 있도록 하였다.

15주 완성 학습 체크하기

학습 내용

할 일	
	① 〈漢字 알아보기〉 학습하기
	② 〈오늘의 한자〉, 〈漢字 배우기〉 학습하기
	③ 〈새 漢字 공부하기〉 학습하기
	④ 〈漢字 더 배워 보기〉, 〈漢字 더 써 보기〉 학습하기
	⑤ 〈종합문제〉 학습하기

이번 주의 학습을 완료했으면 번호에 V표 하세요.

주	주차	체크하기(V)
1주	1과 食堂(식당)에서 갈비를 먹었어요.	① ② ③ ④
2주	2과 이번 週末(주말)에 만나요.	① ② ③ ④
3주	3과 學校(학교)에 갔어요.	① ② ③ ④
4주	4과 地下鐵(지하철)이 빨라요	① ② ③ ④
5주	5과 圖書館(도서관)에서 宿題(숙제)를 할 거예요.	① ② ③ ④
6주	6과 雨傘(우산)을 챙기세요.	① ② ③ ④
7주	종합문제 1	⑤
8주	7과 제주도로 旅行(여행)을 가고 싶어요	① ② ③ ④
9주	8과 洗濯機(세탁기)를 사야 돼요.	① ② ③ ④
10주	9과 試驗(시험) 기간이에요.	① ② ③ ④
11주	10과 病院(병원)에 갔어요.	① ② ③ ④
12주	11과 요즘 인기 있는 職業(직업)이 뭐예요?	① ② ③ ④
13주	12과 K-POP 公演(공연)을 보고 왔어요.	① ② ③ ④
14주	13과 드디어 放學(방학)이에요.	① ② ③ ④
15주	종합문제 2	⑤

차 례

2과 이번 週末(주말)에 만나요

3과 學校(학교)에 갔어요

4과 地下鐵(지하철)이 빨라요

5과 圖書館(도서관)에서 宿題(숙제)를 할 거예요

7과 제주도로 旅行(여행)을 가고 싶어요

8과 洗濯機(세탁기)를 사야 돼요

9과 試驗(시험) 기간이에요

10과 病院(병원)에 갔어요

13과 드디어 放學(방학)이에요

1과

食堂(식당)에서 갈비를 먹었어요

- **한자 알아보기 :** 숫자

- **오늘의 한자**

  식(食), 당(堂), 음(飮), 예(豫), 약(約), 문(文), 수(水)

- **한자 배우기**

  식당(食堂), 음식(飮食), 예약(豫約), 주문(注文), 음료수(飮料水)

漢字 알아보기

1. 숫자를 알아봅시다.

숫자	한자	소리	뜻	쓰기		
0	零/空	영/공	영/비다	零/空	零/空	零/空
1	一	일	하나	一	一	一
2	二	이	둘	二	二	二
3	三	삼	셋	三	三	三
4	四	사	넷	四	四	四
5	五	오	다섯	五	五	五
6	六	육	여섯	六	六	六
7	七	칠	일곱	七	七	七
8	八	팔	여덟	八	八	八
9	九	구	아홉	九	九	九
10	十	십	열	十	十	十
100	百	백	일백	百	百	百
1,000	千	천	일천	千	千	千
10,000	萬	만	일만	萬	萬	萬

2. 다음을 읽어 보십시오.

가. 식당 전화번호는 空二-三五六-四九八七이에요.

나. 한국에는 十 원, 百 원, 五百 원짜리 동전이 있어요.

다. 내 생일은 六 월 二十五 일이에요.

라. 한국어 교실은 四百七 호에요.

마. 한 시 二十五 분에 영어 수업을 시작해요.

바. 이 가방은 四萬八千 원이에요.

사. 한글날은 十 월 九 일이에요.

여기서 잠깐!

6월은 '육월'이 아니고 '유월'이라고 읽어야 합니다.
10월도 '십월'이 아니고 '시월'로 읽어야 합니다.

정답 **가.** 공이, 삼오육, 사구팔칠 **나.** 십, 백, 오백 **다.** 유, 이십오 **라.** 사백칠 **마.** 이십오 **바.** 사만팔천 **사.** 시, 구

1과 食堂(식당)에서 갈비를 먹었어요.

한국 飮食(음식)

종업원: 어서 오세요. 몇 분이세요?
유미: 두 명이요.
종업원: 여기 앉으세요.
유미: 죄송하지만 방에는 자리가 없어요?
종업원: 방은 豫約(예약)하셔야 돼요.
유미: 아, 그래요?
종업원: 注文(주문)하시겠어요?
유미: 갈비 2인분 주세요.
종업원: 飮料水(음료수) 드릴까요?
유미: 네. 콜라 주세요.

오늘의 漢字

食	식
堂	당
飮	음
豫	예
約	약
文	문
水	수

漢字 배우기

	어휘	한자	영어
1	식당	食堂	restaurant
2	음식	飮食	food
3	예약	豫約	reservation
4	주문	注文	order
5	음료수	飮料水	drink, beverage

새 漢字 공부하기

1. 식(食)

소리	뜻	써 보기				
식	밥, 먹다	食	食	食	食	食

식(食)이 들어간 한자 어휘의 의미를 연결해 보십시오.

가. 분식(粉食) • • ① 밖에 나가서 사 먹는 음식

나. 식구(食口) • • ② 밀가루로 만든 음식

다. 외식(外食) • • ③ 한 집에서 같이 살면서 밥을 먹는 사람

다음 문장에 맞는 한자 어휘를 써 보십시오.

가. 나는 라면이나 국수, 만두 같은 (　　　)을/를 좋아한다.

나. 아들의 친구가 같이 살게 돼서 (　　　)이/가 한 명 늘었다.

다. 이번 달에는 (　　　)을/를 자주 해서 돈을 많이 썼다.

정답
가. ② 나. ③ 다. ①
가. 분식 나. 식구 다. 외식

2. 당(堂)

소리	뜻	써 보기				
당	집, 마당	堂	堂	堂	堂	堂

당(堂)이 들어간 한자 어휘의 의미를 연결해 보십시오.

가. 강당(講堂) • • ① 강의나 강연을 할 때 쓰는 큰 방

나. 식당(食堂) • • ② 음식을 사 먹을 수 있는 곳

다. 명당(明堂) • • ③ 어떤 일을 하기에 좋은 자리

다음 문장에 맞는 한자 어휘를 써 보십시오.

가. 저 자리가 조용하고 경치도 좋아서 공부도 하고 쉬기도 좋은 (　　　)이다.

나. 학교에 졸업식 같은 큰 행사가 있으면 모든 학생들이 (　　　)에 모인다.

다. 저 (　　　)은/는 유명 연예인이 SNS에 음식 사진을 올려서 유명해졌다.

정답
가. ① **나.** ② **다.** ③
가. 명당 **나.** 강당 **다.** 식당

3. 음(飮)

소리	뜻	써 보기				
음	마시다	飮	飮	飮	飮	飮

음(飮)이 들어간 한자 어휘의 의미를 연결해 보십시오.

가. 음료수(飮料水) • • ① 술을 마신 후 운전을 하는 것

나. 과음(過飮) • • ② 맛을 즐기기 위해 마시는 것

다. 음주운전(飮酒運轉) • • ③ 술을 너무 많이 마심

다음 문장에 맞는 한자 어휘를 써 보십시오.

가. 여기는 음식값은 비싼데 콜라나 사이다 등의 (　　　) 값은 싸다.

나. 그 가수는 예전에 술을 많이 마시고 (　　　　　)을/를 하다가 사고를 낸 적이 있다.

다. 요즘 스트레스가 많아서 자주 술을 마시는데 어제는 (　　　)을/를 해서 아침에 못 일어났다.

정답
가. ② 나. ③ 다. ①
가. 음료수 나. 음주운전 다. 과음

4. 예(豫)

소리	뜻	써 보기				
예	미리, 먼저	豫	豫	豫	豫	豫

예(豫)가 들어간 한자 어휘의 의미를 연결해 보십시오.

가. 예습(豫習) • • ① 앞으로 할 일을 미리 정하는 것

나. 예정(豫定) • • ② 앞일을 미리 알리는 것

다. 예보(豫報) • • ③ 배울 것을 먼저 공부함

다음 문장에 맞는 한자 어휘를 써 보십시오.

가. 이번 여름 방학에는 변호사 사무실에서 인턴으로 일할 (　　　)이다.

나. 여름에는 비가 자주 와서 밖에 나가기 전에 꼭 일기 (　　　)을/를 보고 날씨를 확인한다.

다. 복습도 중요하지만 수업 전에 (　　　)을/를 하면 이해하기가 더 쉽다.

정답
가. ③ **나.** ① **다.** ②
가. 예정 **나.** 예보 **다.** 예습

5. 약(約)

소리	뜻	써 보기				
약	묶다, 맺다	約	約	約	約	約

약(約)이 들어간 한자 어휘의 의미를 연결해 보십시오.

가. 예약(豫約) • • ① 결혼하기로 약속하는 것

나. 계약(契約) • • ② 미리 정한 약속

다. 약혼(約婚) • • ③ 서로 지킬 것을 글이나 말로 정함

다음 문장에 맞는 한자 어휘를 써 보십시오.

가. (　　　)을/를 할 때는 서류를 잘 읽어 보고 조건을 확인해야 한다.

나. 우리는 만난 지 한 달 만에 (　　　)을/를 하고 6개월 만에 결혼했다.

다. 그 식당은 주말에는 (　　　)을/를 하지 않으면 들어갈 수가 없다.

정답
가. ② 나. ③ 다. ①
가. 계약 나. 약혼 다. 예약

6. 문(文)

소리	뜻	써 보기				
문	글, 문장	文	文	文	文	文

문(文)이 들어간 한자 어휘의 의미를 연결해 보십시오.

가. 주문(注文) •　　　　• ① 어떤 일을 요구하거나 부탁하는 것

나. 논문(論文) •　　　　• ② 언어, 예술, 풍습, 종교, 학문 등을 모두 포함한 것을 말함

다. 문화(文化) •　　　　• ③ 자신의 의견이나 주장을 논리적으로 쓴 글

다음 문장에 맞는 한자 어휘를 써 보십시오.

가. 한국어 수업 시간에는 한국어뿐만 아니라 한국 (　　　)도 배운다.

나. 내 전공은 졸업하려면 졸업 (　　　)을/를 써야 한다.

다. 친구 생일 선물로 주려고 친구 이름을 넣은 케이크를 (　　　)했다.

정답
가. ①　나. ③　다. ②
가. 문화　나. 논문　다. 주문

1부

7. 수(水)

소리	뜻	써 보기				
수	물	水	水	水	水	水

수(水)가 들어간 한자 어휘의 의미를 연결해 보십시오.

가. 생수(生水) •　　　• ① 땅 밑에서 나오는 맑은 물

나. 빙수(氷水) •　　　• ② 눈처럼 간 얼음에 팥, 설탕, 과일 등을 넣은 음식

다. 수영(水泳) •　　　• ③ 물속에서 헤엄을 치는 것

다음 문장에 맞는 한자 어휘를 써 보십시오.

가. 바닷가 근처에서 태어나서 어릴 때 (　　)을/를 많이 했다.

나. 나는 끓여 마시는 보리차나 옥수수차보다 (　　)을/를 좋아한다.

다. 여름에는 얼음을 갈아서 만든 (　　)을/를 많이 먹는데 요즘은 물 대신 우유를 얼려서 먹기도 한다.

정답
가. ① 　나. ② 　다. ③
가. 수영 　나. 생수 　다. 빙수

漢字 더 배워 보기

1. 다음은 모양을 본떠 만든 한자입니다. 그림과 한자의 비슷한 점을 이야기해 보십시오.

수(水)

 ⇛ 水

식(食)

 ⇛ 食

2. 다음 한자 성어와 뜻을 연결해 보십시오.

가.	三三五五 (삼삼오오)	a.	일곱 번 넘어지고 여덟 번 일어난다는 뜻으로, 포기하지 않고 계속 노력함
나.	一石二鳥 (일석이조)	b.	결심한 것이 사흘을 못 넘김
다.	十中八九 (십중팔구)	c.	서너 명이 모여서 같이 다니는 모양
라.	七顚八起 (칠전팔기)	d.	돌 하나로 새 두 마리를 잡는다는 뜻. 동시에 두 가지 이득을 얻음
마.	作心三日 (작심삼일)	e.	열 개 중에서 여덟이나 아홉 정도로 거의 대부분

정답 | 가. c　나. d　다. e　라. a　마. b

漢字 더 써 보기

堂(당)

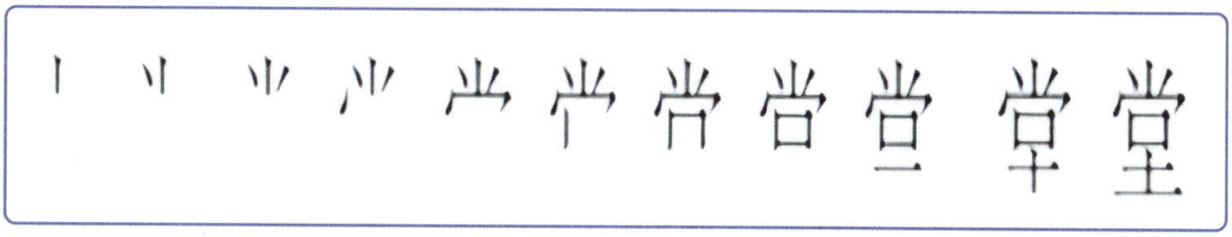

2과

이번 週末(주말)에 만나요

- **한자 알아보기 :** 요일과 시간

- **오늘의 한자**

  주(週), 말(末), 등(登), 생(生), 년(年), 월(月), 일(日), 후(後)

- **한자 배우기**

  주말(週末), 등록(登錄), 생년월일(生年月日),
  요일(曜日), 오후(午後)

漢字 알아보기

1. 요일과 시간을 알아봅시다.

한자	소리	뜻	쓰기		
日	일	해, 날	日	日	日
月	월	달	月	月	月
火	화	불	火	火	火
水	수	물	水	水	水
木	목	나무	木	木	木
金	금	쇠	金	金	金
土	토	흙	土	土	土
曜	요	빛나다	曜	曜	曜
時	시	때	時	時	時
間	간	사이	間	間	間
分	분	나누다	分	分	分
半	반	절반	半	半	半

2. 달력을 보고 빈칸에 맞는 답을 한자로 쓰십시오.

5월(五月)

Sun 日	Mon 月	Tue 火	Wed 水	Thu 木	Fri 金	Sat 土
			1	2 수영 7:00~8:00	3	4 내 생일
5 어린이날	6	7	8 어버이날	9 수영 7:00~8:00	10	11
12	13	14	15 스승의 날	16 수영 7:00~8:00	17	18
19	20 2:30pm 중간시험	21	22	23 수영 7:00~8:00	24	25
26	27	28	29	30 수영 7:00~8:00	31	

가. 내 생일은 5月 4日 (　　　)曜日이에요.

나. 어린이날은 (　　　)曜日이에요.

다. 중간시험은 두 (　　　) (　　　)에 있어요.

라. 스승의 날은 (　　　)曜日이에요.

마. (　　　)曜日마다 한(　　　)(　　　)동안 수영해요.

정답 | **가.** 土 **나.** 日 **다.** 時, 半 **라.** 水 **마.** 木, 時, 間

2과 이번 週末(주말)에 만나요.

수영 배우러 갈까요?

벤: 스티브 씨, 수영 배우러 스포츠 센터에 갈까요?
스티브: 좋아요. 스포츠 센터는 어떻게 登錄(등록)해요?
벤: 사이트에 들어가서 이름하고 生年月日(생년월일), 이메일 주소를 넣으면 돼요.
스티브: 아 그래요? 그럼 무슨 曜日(요일)에 갈까요?
벤: 저는 週末(주말) 午後(오후)가 좋아요.
스티브: 저도 좋아요.

오늘의 漢字

週	주
末	말
登	등
生	생
年	년
月	월
日	일
後	후

漢字 배우기

	어휘	한자	영어
1	주말	週末	weekend
2	등록	登錄	registration
3	생년월일	生年月日	date of birthday
4	요일	曜日	day of the week
5	오후	午後	afternoon

새 漢字 공부하기

1. 주(週)

소리	뜻	써 보기				
주	돌다	週	週	週	週	週

주(週)가 들어간 한자 어휘의 의미를 연결해 보십시오.

가. 일주일(一週日) • • ① 주마다

나. 주중(週中) • • ② 월요일부터 일요일까지 7일 동안

다. 매주(每週) • • ③ 월요일부터 금요일까지

다음 문장에 맞는 한자 어휘를 써 보십시오.

가. 나는 체육관에 (　　　)에 세 번 간다.

나. 이곳에서 (　　　) 금요일에 채소나 과일을 파는 시장이 열린다.

다. (　　　)에는 출퇴근 시간에 차가 많아 길이 복잡하다.

정답
가. ② 나. ③ 다. ①
가. 일주일 나. 매주 다. 주중

2. 말(末)

소리	뜻	써 보기				
말	끝	末	末	末	末	末

말(末)이 들어간 한자 어휘의 의미를 연결해 보십시오.

가. 학기말(學期末) • • ① 토요일과 일요일

나. 결말(結末) • • ② 일 또는 이야기의 끝

다. 주말(週末) • • ③ 한 학기의 끝

다음 문장에 맞는 한자 어휘를 써 보십시오.

가. ( )에는 학교 수업이 없어서 보통 친구를 만난다.

나. 학생들은 ( )이/가 되면 시험 준비하느라 바쁘다.

다. 그 드라마의 ( )이/가 궁금하다.

정답
가. ③ 나. ② 다. ①
가. 주말 나. 학기말 다. 결말

3. 등(登)

소리	뜻	써 보기				
등	오르다	登	登	登	登	登

등(登)이 들어간 한자 어휘의 의미를 연결해 보십시오.

가. 등산(登山) • • ① 학교나 학원에 등록할 때 내는 돈

나. 등장인물(登場人物) • • ② 산에 오르는 것

다. 등록금(登錄金) • • ③ 소설이나 드라마, 영화 등에 나오는 사람

다음 문장에 맞는 한자 어휘를 써 보십시오.

가. 이 소설의 (   )들은 모두 한국에 사는 외국인이다.

나. 나는 (   )을/를 벌기 위해 아르바이트를 한다.

다. 아버지는 매주 일요일에 친구들과 가까운 산으로 (   )을/를 가신다.

정답
가. ② **나.** ③ **다.** ①
가. 등장인물 **나.** 등록금 **다.** 등산

4. 생(生)

소리	뜻	써 보기				
생	나다, 살다	生	生	生	生	生

생(生)이 들어간 한자 어휘의 의미를 연결해 보십시오.

가. 생일(生日) • • ① 살아가는 것

나. 생활(生活) • • ② 살고 죽는 것

다. 생사(生死) • • ③ 태어난 날

다음 문장에 맞는 한자 어휘를 써 보십시오.

가. 사고가 난 지역에 있던 사람들의 ( )이/가 아직 확인되지 않고 있다.

나. 한국에서는 아이의 첫 번째 ( )에 큰 파티를 한다.

다. 민속촌에 가면 옛날 사람들이 어떻게 ( )했는지 알 수 있다.

정답
가. ③ 나. ① 다. ②
가. 생사 나. 생일 다. 생활

5. 년/연(年)

소리	뜻	써 보기				
년/연	해	年	年	年	年	年

년/연(年)이 들어간 한자 어휘의 의미를 연결해 보십시오.

가. 내년(來年) • • ① 나이의 높임말

나. 연말(年末) • • ② 한 해의 마지막 때

다. 연세(年歲) • • ③ 다음해

다음 문장에 맞는 한자 어휘를 써 보십시오.

가. (　　　)에는 1년을 정리하기 위한 여러 모임이 많다.

나. (　　　) 겨울은 올해 겨울보다 더 추울 것이라고 한다.

다. 우리 할머니는 (　　　)에 비해서 젊어 보이신다.

정답
가. ③ **나.** ② **다.** ①
가. 연말 **나.** 내년 **다.** 연세

6. 월(月)

소리	뜻	써 보기				
월	달	月	月	月	月	月

월(月)이 들어간 한자 어휘의 의미를 연결해 보십시오.

가. 월급(月給) •　　　　• ① 매달 내는 집세

나. 세월(歲月) •　　　　• ② 한 달 동안 일한 후에 받는 돈

다. 월세(月貰) •　　　　• ③ 흘러가는 시간

다음 문장에 맞는 한자 어휘를 써 보십시오.

가. 할머니의 주름진 손을 보면 흘러간 (　　　)을/를 느낄 수 있다.

나. 유럽 여행을 가려고 매달 받는 (　　　)의 10%를 모으고 있다.

다. 대학교 근처의 아파트는 다른 지역보다 (　　　)이/가 더 비싸다.

정답
가. ② 나. ③ 다. ①
가. 세월 나. 월급 다. 월세

7. 일(日)

소리	뜻	써 보기				
일	날, 해	日	日	日	日	日

일(日)이 들어간 한자 어휘의 의미를 연결해 보십시오.

가. 내일(來日) •   • ① 일하지 않고 쉬는 날

나. 휴일(休日) •   • ② 오늘의 다음 날

다. 일출(日出) •   • ③ 해가 뜨는 것

다음 문장에 맞는 한자 어휘를 써 보십시오.

가. 새해 첫날 (   )을/를 보기 위해 바닷가에 사람들이 모였다.

나. 오늘 숙제를 내지 못한 학생은 (   )까지 꼭 내세요.

다. 5월에는 근로자의 날, 어린이날, 부처님 오신 날 등 (   )이/가 많아서 좋다.

정답
가. ②   나. ①   다. ③
가. 일출   나. 내일   다. 휴일

8. 후(後)

소리	뜻	써 보기				
후	뒤	後	後	後	後	後

후(後)가 들어간 한자 어휘의 의미를 연결해 보십시오.

가. 후식(後食) • • ① 밥 먹은 후에 먹는 과일이나 간단한 음식

나. 후배(後輩) • • ② 책을 읽은 후 느낌을 쓴 글

다. 독후감(讀後感) • • ③ 학교나 회사에 자기보다 늦게 들어온 사람

다음 문장에 맞는 한자 어휘를 써 보십시오.

가. 이번 방학 숙제는 책 두 권을 읽고 ( )을/를 쓰는 것이다.

나. 식사 후에 아이스크림이나 케이크를 ( )(으)로 즐겨 먹는다.

다. 2학년이 되니 1학년 ( )이/가 생겨서 좋다.

정답
가. ① 나.③ 다. ②
가. 독후감 나. 후식 다. 후배

漢字 더 배워 보기

☆ 다음은 모양을 본떠 만든 한자입니다. 그림과 한자의 비슷한 점을 이야기해 보십시오.

일(日)

⇛

日

월(月)

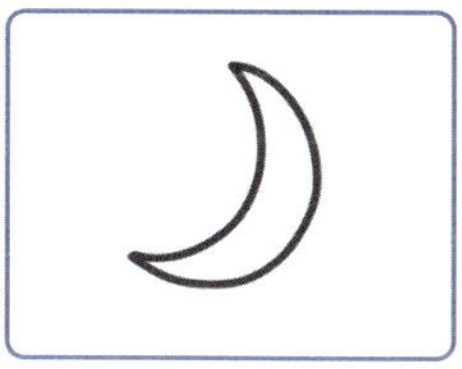

⇛

月

漢字 더 써 보기

週(주)

丿 ⺆ 月 用 用 用 周 周 周 凋 凋 週

3과

學校(학교)에 갔어요

- **한자 알아보기 :** 나라 이름

- **오늘의 한자**
  학(學), 교(敎), 교(校), 실(室), 문(門), 책(冊), 반(班)

- **한자 배우기**
  학교(學校), 교실(敎室), 문(門), 책(冊), 반(班)

漢字 알아보기

☆ 나라 이름을 알아봅시다.

한국

한자	韓	國
소리	한	국
뜻	나라 이름	나라

미국

한자	美	國
소리	미	국
뜻	아름답다	나라

중국

한자	中	國
소리	중	국
뜻	가운데	나라

영국

한자	英	國
소리	영	국
뜻	꽃부리	나라

일본

한자	日	本
소리	일	본
뜻	해, 날	뿌리, 기초

독일

한자	獨	逸
소리	독	일
뜻	혼자, 홀로	달아나다

3과 學校(학교)에 갔어요.

우리 敎室(교실)

오늘 처음 學校(학교)에 갔어요.
캠퍼스가 넓어서 敎室(교실) 찾기가 어려웠어요.
그래서 조금 늦었어요.
門(문)을 열고 들어갔는데 學生(학생)들이 많았어요.
선생님이 한국어 冊(책)을 소개해 주셨어요.
그리고 班(반) 친구들과 이야기를 많이 했어요.

오늘의 漢字

學	학
校	교
敎	교
室	실
門	문
冊	책
班	반

漢字 배우기

	어휘	한자	영어
1	학교	學校	school
2	교실	敎室	classroom
3	문	門	door
4	책	冊	book
5	반	班	class

새 漢字 공부하기

1. 학(學)

소리	뜻	써 보기				
학	배우다	學	學	學	學	學

학(學)이 들어간 한자 어휘의 의미를 연결해 보십시오.

가. 학생(學生) • • ① 무엇을 배우는 것

나. 학기(學期) • • ② 학교에서 배우는 사람

다. 학습(學習) • • ③ 학교에서 공부하는 기간을 나누어 놓은 것

다음 문장에 맞는 한자 어휘를 써 보십시오.

가. 한자 공부는 한국어 ( )에 도움이 된다.

나. 나와 형은 같은 학교 ( )이다.

다. 이번 ( )이/가 끝나면 졸업한다.

정답
가. ② 나. ③ 다. ①
가. 학습 나. 학생 다. 학기

2. 교(校)

소리	뜻	써 보기				
교	학교	校	校	校	校	校

교(校)가 들어간 한자 어휘의 의미를 연결해 보십시오.

가. 교복(校服) • • ① 학교에서 학생들에게 정해준 옷

나. 고등학교(高等學校) • • ② 학교에 수업 들으러 가는 것

다. 등교(登校) • • ③ 중학교를 졸업한 후에 가는 학교

다음 문장에 맞는 한자 어휘를 써 보십시오.

가. 학교마다 학생들이 입는 (　　　)이/가 다르다.

나. 아침에 학교에 가는 (　　　) 시간에는 학교 앞이 복잡하다.

다. 나는 중학교 때는 축구 선수가 꿈이었지만 (　　　　　) 때부터 의대에 가기 위해 열심히 공부했다.

정답			
	가. ①	나. ③	다. ②
	가. 교복	나. 등교	다. 고등학교

3. 교(教)

소리	뜻	써 보기				
교	가르치다, 종교	教	教	教	教	教

교(教)가 들어간 한자 어휘의 의미를 연결해 보십시오.

가. 교과서(教科書) • • ① 지식이나 기술 등을 가르치는 것

나. 교수(教授) • • ② 대학교에서 가르치는 선생님

다. 교육(教育) • • ③ 수업 시간에 사용하는 책

다음 문장에 맞는 한자 어휘를 써 보십시오.

가. 수영장에서 아르바이트를 하려면 먼저 안전(　　　)을/를 받아야 한다.

나. 이번 시험 범위는 (　　　) 10쪽에서 35쪽까지이다.

다. 나의 꿈은 열심히 공부해서 대학교의 (　　　)이/가 되는 것이다.

정답
가. ③ 나. ② 다. ①
가. 교육 나. 교과서 다. 교수

4. 실(室)

소리	뜻	써 보기				
실	방, 집, 건물	室	室	室	室	室

실(室)이 들어간 한자 어휘의 의미를 연결해 보십시오.

가. 교실(教室) • • ① 손을 씻거나 대소변을 보는 장소

나. 화장실(化粧室) • • ② 수업이나 강의를 듣는 방

다. 사무실(事務室) • • ③ 직장에서 일을 하는 방

다음 문장에 맞는 한자 어휘를 써 보십시오.

가. 수업을 듣다가 갑자기 배가 아파서 (   )(으)로 뛰어갔다.

나. 숙제를 하다가 모르는 것이 있어서 선생님 (   )에 갔다.

다. 우리 (   )에는 칠판과 컴퓨터가 있다.

정답
가. ② 나. ① 다. ③
가. 화장실 나. 사무실 다. 교실

5. 문(門)

소리	뜻	써 보기				
문	문	門	門	門	門	門

문(門)이 들어간 한자 어휘의 의미를 연결해 보십시오.

가. 정문(正門) •	• ① 빛이나 공기가 들어오게 만든 작은 문
나. 창문(窓門) •	• ② 들어가고 나오는 문
다. 출입문(出入門) •	• ③ 건물이나 어떤 장소의 앞쪽에 있는 문

다음 문장에 맞는 한자 어휘를 써 보십시오.

가. 우리 학교 (   ) 근처에 맛있는 식당이 많다.

나. (   )을/를 찾기가 힘들어서 나가는 데에 시간이 오래 걸렸다.

다. 방이 조금 더운데 (   ) 좀 열어 주세요.

정답
가. ③ 나. ① 다. ②
가. 정문 나. 출입문 다. 창문

6. 책(冊)

소리	뜻	써 보기				
책	책	冊	冊	冊	冊	冊

3과

책(冊)이 들어간 한자 어휘의 의미를 연결해 보십시오.

가. 공책(空冊) • • ① 책을 꽂아 놓기 위해 만든 가구

나. 책상(冊床) • • ② 공부할 때 쓰는 상

다. 책장(冊欌) • • ③ 그림을 그리거나 글을 쓸 수 있게 종이를 모아 놓은 책

다음 문장에 맞는 한자 어휘를 써 보십시오.

가. 새 학기가 시작되면 나는 항상 수업에서 쓸 (　　　)을/를 여러 권 산다.

나. 내 방에는 잠잘 수 있는 침대와 공부할 수 있는 (　　　)만 있다.

다. 그동안 산 책이 너무 많아서 더 이상 (　　　)에 책을 꽂을 수 없다.

정답
가. ③ 나. ② 다. ①
가. 공책 나. 책상 다. 책장

7. 반(班)

소리	뜻	써 보기				
반	나누다	班	班	班	班	班

반(班)이 들어간 한자 어휘의 의미를 연결해 보십시오.

가. 반(班) • • ① 반을 대표하는 학생

나. 반장(班長) • • ② 첫 번째 단계를 공부하는 반

다. 초급반(初級班) • • ③ 배우거나 가르치는 모임

다음 문장에 맞는 한자 어휘를 써 보십시오.

가. 한국어(　　) 학생들이 추천하는 좋은 공부 방법은 한국 친구를 사귀는 것이다.

나. 내 친구는 초등학교 때부터 리더십이 있어 항상 (　　)(으)로 뽑혔다.

다. (　　)을/를 마치고 나면 중급반, 고급반에서 계속해서 공부할 수 있다.

정답
가. ③ **나.** ① **다.** ②
가. 반 **나.** 반장 **다.** 초급반

漢字 더 배워 보기

1. 다음은 모양을 본떠 만든 한자입니다. 그림과 한자의 비슷한 점을 이야기해 보십시오.

문(門)

⟹ 門

책(冊)

⟹ 冊

2. 학교 관련 한자를 배워 봅시다.

다음 한자를 읽어 보십시오.

한자	소리	뜻
入學	입학	학교에 들어가서 학생이 됨
卒業	졸업	필요한 교육 과정을 모두 마침
受講申請	수강 신청	듣고 싶은 수업을 골라서 등록함
休學	휴학	학교에 다니는 것을 잠깐 쉼
復學	복학	학교를 쉬었다가 다시 돌아옴

◆ **빈칸에 알맞은 한자 어휘를 위의 표에서 찾아 넣으십시오.**

가. 대학교에서는 수업을 듣기 위해 학기마다 (　　　　)을/를 한다.

나. 1년을 쉬고 (　　　　)을/를 하니까 친구가 별로 없다.

다. 군대에 가야 해서 (　　　　)을/를 했다.

라. 내 동생은 이번에 고등학교를 (　　　　)하고 대학교에 (　　　　)한다.

漢字 더 써 보기

學(학)

정답 | **가.** 受講申請(수강신청) **나.** 復學(복학) **다.** 休學(휴학) **라.** 卒業(졸업), 入學(입학)

MEMO

4과

地下鐵(지하철)이 빨라요

- **한자 알아보기 :** 위치를 나타내는 한자(1)

- **오늘의 한자**
  지(地), 교(交), 통(通), 차(車), 승(乘), 매(賣), 기(機)

- **한자 배우기**
  지하철(地下鐵), 교통(交通), 차(車), 환승(換乘),
  매표소(賣票所), 비행기(飛行機)

漢字 알아보기

1. 위치를 나타내는 한자(1)를 알아봅시다.

한자	소리	뜻	쓰기		
上	상	위	上	上	上
中	중	가운데	中	中	中
下	하	아래	下	下	下

2. 상(上), 중(中), 하(下)가 들어간 어휘

上	상류(上流)	강이 시작되는 곳, 강의 위쪽
	상반기(上半期)	1년을 둘로 나누었을 때 처음의 반 동안
	지상(地上)	땅의 위
	영상(零上)	0℃보다 위의 온도
中	중간(中間)	두 사물이나 사람의 사이, 가운데
	중심(中心)	사물의 한가운데. 중요하고 기본이 되는 부분
	주중(週中)	월요일부터 금요일까지
	연중(年中)	1년 동안, 그 해 동안
下	하류(下流)	강이 모여서 바다로 나가는 곳, 강의 아래쪽
	하반기(下半期)	1년을 둘로 나누었을 때 나중의 반 동안
	지하(地下)	땅의 아래
	영하(零下)	0℃보다 아래의 온도

3. 다음 보기에서 알맞은 어휘를 찾아 써 보십시오.

보기

지하 (地下)	영상 (零上)	상류 (上流)	중간 (中間)	주중 (週中)	영하 (零下)

가. 이번 주에 (　　　　) 시험이 있어서 도서관에 자리가 없다.

나. 내일은 날씨가 (　　　　)(으)로 내려가 눈이 오고 춥다고 한다.

다. 이 건물의 주차장은 (　　　　)에 있다.

라. 박물관은 (　　　　)에는 저녁 6시, 주말에는 오후 5시까지 문을 연다.

여기서 잠깐!

상(上), 중(中), 하(下)가 들어가 있는 한자 성어

1. 막상막하(莫上莫下)	'위도 없고 아래도 없다'는 뜻. 실력이나 수준이 비슷할 때 쓰는 말
2. 연중무휴(年中無休)	'1년 내내 하루도 쉬는 날이 없다'는 의미

정답 | **가.** 中間(중간) **나.** 零下(영하) **다.** 地下(지하) **라.** 週中(주중)

4과 地下鐵(지하철)이 빨라요.

交通(교통)이 복잡해요.

지난 주말에 친구하고 같이 놀이공원에 갔어요. 주말에는 車(차)가 많아서 交通(교통)이 복잡해요. 그래서 地下鐵(지하철)을 탔어요. 換乘(환승)을 여러 번 해서 시간이 많이 걸렸어요.
놀이공원 賣票所(매표소) 앞에 사람들이 많았어요. 우리는 표를 예약했기 때문에 줄을 서지 않고 들어갔어요. 그런데 飛行機(비행기)처럼 생긴 놀이기구를 탈 때는 많이 기다렸어요. 재미있었지만 피곤했어요.

오늘의 漢字

地	지
交	교
通	통
車	차
乘	승
賣	매
機	기

漢字 배우기

	어휘	한자	영어
1	지하철	地下鐵	subway
2	교통	交通	traffic
3	차	車	car
4	환승	換乘	transfer
5	매표소	賣票所	ticket office
6	비행기	飛行機	airplane

새 漢字 공부하기

1. 지(地)

소리	뜻	써 보기				
지	땅	地	地	地	地	地

지(地)가 들어간 한자 어휘의 의미를 연결해 보십시오.

가. 지하철(地下鐵) • • ① 어떤 기준으로 나누어진 땅

나. 지구(地球) • • ② 땅 밑으로 다니는 철도

다. 지역(地域) • • ③ 사람이 살고 있는 별

다음 문장에 맞는 한자 어휘를 써 보십시오.

가. 이곳은 사슴이 많이 나오는 (　　　)(이)라서 운전할 때 조심해야 한다.
나. 길이 막힐 때는 택시보다 (　　　)이/가 더 빠르다.
다. (　　　)이/가 태양을 한 번 도는 데 1년이 걸린다.

정답
가. ② 나. ③ 다. ①
가. 지역 나. 지하철 다. 지구

2. 교(交)

소리	뜻	써 보기				
교	사귀다, 바꾸다	交	交	交	交	交

교(交)가 들어간 한자 어휘의 의미를 연결해 보십시오.

가. 교통(交通) • • ① 무엇인가를 서로 바꾸는 것

나. 교환(交換) • • ② 외국과의 관계를 맺고 발전시키는 일

다. 외교(外交) • • ③ 탈 것을 이용하여 오고 가는 것

다음 문장에 맞는 한자 어휘를 써 보십시오.

가. 물건을 산 영수증이 있으면 한 달 안에 (　　　)이/가 가능하다.
나. 그 사람은 (　　　) 전문가가 되기 위해 외국어를 열심히 공부한다.
다. 이 동네는 지하철과 버스가 다 다녀서 (　　　)이/가 편리하다.

정답
가. ③　나. ①　다. ②
가. 교환　나. 외교　다. 교통

3. 통(通)

소리	뜻	써 보기				
통	통하다	通	通	通	通	通

4과

◆ 통(通)이 들어간 한자 어휘의 의미를 연결해 보십시오.

가. 통역(通譯) • • ① 어떤 곳을 지나다니는 것

나. 통행(通行) • • ② 다른 언어를 이해할 수 있게 전해 주는 일

다. 소통(疏通) • • ③ 막히지 않고 잘 통하는 것

◆ 다음 문장에 맞는 한자 어휘를 써 보십시오.

가. 요즘은 모르는 사람들과도 SNS를 하면서 서로 쉽게 (   )을/를 한다.
나. 그는 이번 국제영화제에서 영어와 한국어 (   )을/를 맡았다.
다. 이 길은 공사중이어서 (   )이/가 금지되었다.

정답 가. ② 나. ① 다. ③
가. 소통 나. 통역 다. 통행

4. 차(車)

소리	뜻	써 보기				
차	수레, 차	車	車	車	車	車

차(車)가 들어간 한자 어휘의 의미를 연결해 보십시오.

가. 자동차(自動車) •	• ① 차를 오랫동안 세워 둘 수 있는 장소
나. 기차(汽車) •	• ② 사람이나 물건을 옮기는 데에 쓰는 철도 위를 달리는 긴 차
다. 주차장(駐車場) •	• ③ 엔진의 힘으로 움직이는 바퀴가 달린 차

다음 문장에 맞는 한자 어휘를 써 보십시오.

가. 주말에 놀이공원에 가면 (　　　)에 자리가 없어서 차를 세우기가 어렵다.
나. 최근에 사람이 운전할 필요가 없는 (　　　)이/가 나왔다.
다. 빨리 달리는 (　　　)을/를 타면 서울에서 부산까지 두 시간 반밖에 안 걸린다.

여기서 잠깐!

자동차(自動車)의 '차(車)'는 '거'라고도 읽습니다.
그래서 자전거(自轉車)는 '자전차'가 아니고 '자전거'라고 읽습니다.

정답
가. ③ 　나. ② 　다. ①
가. 주차장 　나. 자동차 　다. 기차

5. 승(乘)

소리	뜻	써 보기				
승	타다	乘	乘	乘	乘	乘

승(乘)이 들어간 한자 어휘의 의미를 연결해 보십시오.

가. 승차(乘車) • • ① 차를 타는 일

나. 승객(乘客) • • ② 비행기나 기차에서 손님들을 위해 일하는 사람

다. 승무원(乘務員) • • ③ 대중교통을 이용하는 손님

다음 문장에 맞는 한자 어휘를 써 보십시오.

가. 나는 어렸을 때 비행기에서 일하는 (   )이/가 되고 싶었다.

나. 버스나 지하철에 (   )할 때는 줄을 서서 차례로 타야 한다.

다. 출퇴근 시간에는 (   )이/가 많아서 앉아서 갈 수 없다.

정답
가. ① 나. ③ 다. ②
가. 승무원 나. 승차 다. 승객

6. 매(賣)

소리	뜻	써 보기				
매	팔다	賣	賣	賣	賣	賣

매(賣)가 들어간 한자 어휘의 의미를 연결해 보십시오.

가. 매표소(賣票所) •	• ① 물건을 파는 일
나. 매매(賣買) •	• ② 사거나 파는 것
다. 판매(販賣) •	• ③ 표를 살 수 있는 곳

다음 문장에 맞는 한자 어휘를 써 보십시오.

가. 요즘은 영화표를 (　　　)에서 직접 사는 사람보다 온라인으로 예매하는 사람이 더 많다.

나. 그 앱은 중고 물품을 (　　　)하는 사람들이 많이 사용한다.

다. 새로 나온 핸드폰 (　　　)을/를 시작하자마자 다 팔렸다.

정답

가. ③　나. ②　다. ①

가. 매표소　나. 매매　다. 판매

7. 기(機)

소리	뜻	써 보기				
기	기계/틀	機	機	機	機	機

4과

기(機)가 들어간 한자 어휘의 의미를 연결해 보십시오.

가. 기회(機會) • • ① 어떤 일을 하기에 좋은 때나 경우

나. 기계(機械) • • ② 하늘을 날아서 사람, 물건을 옮기는 탈것

다. 비행기(飛行機) • • ③ 어떤 힘을 통해 일을 할 수 있게 만든 것

다음 문장에 맞는 한자 어휘를 써 보십시오.

가. 날씨가 안 좋았지만 뉴욕에서 출발한 (　　　)이/가 인천공항에 안전하게 도착했다.
나. 사람이 하는 일을 (　　　)이/가 모두 대신할 수는 없다.
다. 다리를 다쳐서 이번 시합에 나갈 수 있는 (　　　)을/를 놓쳤다.

정답
가. ①　나. ③　다. ②
가. 비행기　나. 기계　다. 기회

漢字 더 배워 보기

☆ '부수'란 한 글자 안에 들어있는 기본 글자입니다. 다음 부수가 들어간 한자를 배워 봅시다.

부수	소리	뜻
木	목	나무

[부수 '木'이 들어간 한자]

한자	소리	뜻
① 林	임/림	숲
② 果	과	나무의 열매

부수	소리	뜻
氵(水)	수	물

[부수 '氵(水)'가 들어간 한자]

한자	소리	뜻
① 江	강	강
② 海	해	바다

부수	소리	뜻
宀	면	지붕, 집

[부수 '宀'이 들어간 한자]

한자	소리	뜻
① 家	가	집
② 室	실	방

漢字 더 써 보기

地(지)

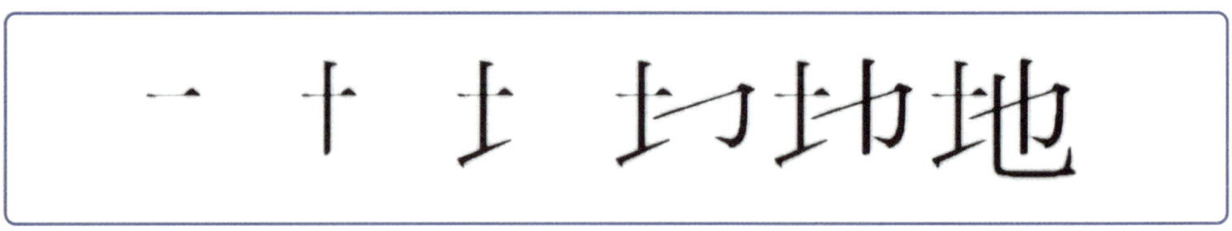

MEMO

5과

圖書館(도서관)에서 宿題(숙제)를 할 거예요

- **한자 알아보기:** 위치를 나타내는 한자(2)

- **오늘의 한자**
  도(圖), 서(書), 숙(宿), 습(習), 공(公), 원(園), 관(館)

- **한자 배우기**
  도서관(圖書館), 숙제(宿題), 복습(復習), 공원(公園), 체육관(體育館)

漢字 알아보기

1. 위치를 나타내는 한자(2)를 알아봅시다.

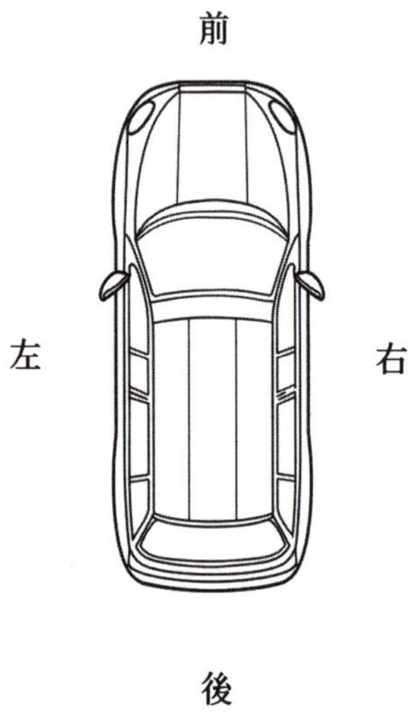

한자	소리	뜻
前	전	앞
後	후	뒤
左	좌	왼쪽
右	우	오른쪽

2. 들어오고 나가는 것을 나타내는 한자를 알아봅시다.

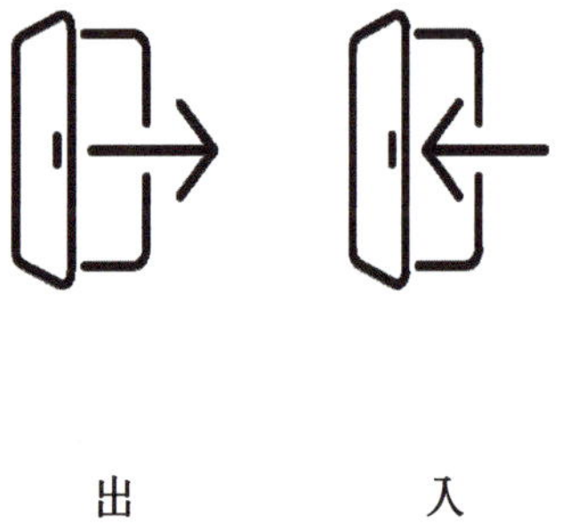

한자	소리	뜻
出	출	나가다
入	입	들어오다
口	구	입

3. 다음 문장 안에 있는 한자 어휘를 읽어 보십시오.

운전을 할 때에는 가. 前後左右를 잘 보고 운전을 해야 한다. 나. 左회전을 할 때에는 왼쪽을, 다. 右회전을 할 때에는 오른쪽을 잘 봐야 한다. 신호등이 초록색일 때 라. 前진해야 하고, 마. 後진을 할 때에는 뒤쪽에 사람이 없는지 확인해야 한다.

가. ____________

나. ____________

다. ____________

라. ____________

마. ____________

4. 빈칸에 알맞은 한자를 써 보십시오.

가. 밥을 먹기 (　　)에 손을 씻어야 한다.

나. 이 약은 밥을 먹고 30분 (　　)에 드십시오.

다. 백화점은 지하철 4번 (　　)(　　)(으)로 나가면 백화점이 있다.

라. 길을 건널 때는 (　　)(　　)을/를 잘 보고 건너야 한다.

정답
3. **가.** 전후좌우 **나.** 좌 **다.** 우 **라.** 전 **마.** 후
4. **가.** 前(전) **나.** 後(후) **다.** 出(출), 口(구) **라.** 左(좌), 右(우)

5과

圖書館(도서관)에서 宿題(숙제)를 할 거예요.

宿題(숙제)가 많아요

벤: 유미 씨, 어디 가세요?

유미: 아, 벤 씨, 圖書館(도서관)에 가요. 宿題(숙제)가 많아요. 그리고 復習(복습)도 해야 돼요.

벤: 저는 公園(공원)에서 친구를 만난 다음에 體育館(체육관)에 좀 가려고요.

유미: 體育館(체육관)이 가까워요?

벤: 네. 지하철 역 바로 앞에 있어요.

오늘의 漢字

圖	도
書	서
宿	숙
習	습
公	공
園	원
館	관

漢字 배우기

	어휘	한자	영어
1	도서관	圖書館	library
2	숙제	宿題	homework
3	복습	復習	review
4	공원	公園	park
5	체육관	體育館	gym

새 漢字 공부하기

1. 도(圖)

소리	뜻	써 보기				
도	그림	圖	圖	圖	圖	圖

5과

◆ 도(圖)가 들어간 한자 어휘의 의미를 연결해 보십시오.

가. 도서관(圖書館) • • ① 어떤 일을 하려고 함

나. 지도(地圖) • • ② 땅이나 산 등을 그려 놓은 것

다. 시도(試圖) • • ③ 책을 빌리거나 읽을 수 있는 곳

◆ 다음 문장에 맞는 한자 어휘를 써 보십시오.

가. 번지 점프를 하고 싶어서 여러 번 (   )하다가 너무 무서워서 포기했다.

나. 우리 학교는 시험 기간에는 (   )을/를 24시간 연다.

다. 요즘은 운전할 때 지피에스(GPS)가 있어서 종이로 된 (   )이/가 필요 없다.

정답
가. ③ 나. ② 다. ①
가. 시도 나. 도서관 다. 지도

2. 서(書)

소리	뜻	써 보기				
서	책	書	書	書	書	書

서(書)가 들어간 한자 어휘의 의미를 연결해 보십시오.

가. 서점(書店) •		• ① 책을 사고파는 가게
나. 서명(書名) •		• ② 책을 읽거나 글을 쓰는 방
다. 서재(書齋) •		• ③ 어떤 내용에 동의나 확인 후 자기의 이름을 쓰는 것

다음 문장에 맞는 한자 어휘를 써 보십시오.

가. 할아버지께서는 주로 거실보다는 ( )에서 책을 읽으시거나 글을 쓰신다.

나. 카드로 계산하거나 중요한 서류를 확인할 때 ( )이/가 필요하다

다. 학교 ( )에 가면 책도 살 수 있고 학교 이름이 쓰여 있는 티셔츠나 학용품도 살 수 있다.

정답
가. ① **나.** ③ **다.** ②
가. 서재 **나.** 서명 **다.** 서점

3. 숙(宿)

소리	뜻	써 보기				
숙	잠을 자다, 묵다	宿	宿	宿	宿	宿

숙(宿)이 들어간 한자 어휘의 의미를 연결해 보십시오.

가. 숙소(宿所) • • ① 학생들이 먹고 잘 수 있게 만든 건물

나. 숙제(宿題) • • ② 집을 떠나 일정 기간 지내는 곳

다. 기숙사(寄宿舍) • • ③ 수업에서 배운 내용을 복습하거나 예습하기 위해 선생님이 내주는 과제

다음 문장에 맞는 한자 어휘를 써 보십시오.

가. 그 아이돌 그룹이 합숙하는 (   ) 앞에는 팬들이 많이 모인다.

나. 처음 대학교에 들어왔을 때 (   )에 살면서 친구들을 많이 사귀었다.

다. 한국어 수업은 재미있는데 (   )이/가 많아서 힘들다.

정답
가. ② **나.** ③ **다.** ①
가. 숙소 **나.** 기숙사 **다.** 숙제

4. 습(習)

소리	뜻	써 보기				
습	배우다, 익히다	習	習	習	習	習

습(習)이 들어간 한자 어휘의 의미를 연결해 보십시오.

가. 습관(習慣) • • ① 배운 것을 다시 공부하는 것

나. 복습(復習) • • ② 어떤 행동을 계속 되풀이하여 몸에 익숙해진 행동, 버릇

다. 연습(練習) • • ③ 같은 일을 잘할 수 있도록 계속 반복해서 하는 것

다음 문장에 맞는 한자 어휘를 써 보십시오.

가. 다음 달에 학교 축제가 있어서 계속 춤 (　　　)을/를 하고 있다.

나. 매일 (　　　)과 예습을 하면 성적이 오를 것이다.

다. '세 살 버릇이 여든까지 간다'는 말은 어렸을 때 만들어진 (　　　)은/는 고치기가 어렵다는 뜻이다.

정답
가. ② 나. ① 다. ③
가. 연습 나. 복습 다. 습관

5. 공(公)

소리	뜻	써 보기				
공	공평하다	公	公	公	公	公

공(公)이 들어간 한자 어휘의 의미를 연결해 보십시오.

가. 공사(公私) • • ① 영화, 소설, 드라마 등에서 이야기의 중심이 되는 사람

나. 주인공(主人公) • • ② 국가나 지방 공공 단체의 일을 하는 사람

다. 공무원(公務員) • • ③ 공공의 일과 개인적인 일, 사회와 개인

다음 문장에 맞는 한자 어휘를 써 보십시오.

가. 정부에서 주는 월급을 받는 (   )이/가 되려면 시험을 봐야 한다.

나. 개인적인 일 때문에 회사의 일까지 어렵게 만들지 말고 (   )을/를 구분해라.

다. 그 드라마의 (   )은/는 오디션을 통해 뽑았다고 한다.

정답
가. ③ 나. ① 다. ②
가. 공무원 나. 공사 다. 주인공

6. 원(園)

소리	뜻	써 보기				
원	동산	園	園	園	園	園

원(園)이 들어간 한자 어휘의 의미를 연결해 보십시오.

가. 공원(公園) • • ① 초등학교에 가기 전에 다니는 곳

나. 동물원(動物園) • • ② 여러 동물을 볼 수 있는 곳

다. 유치원(幼稚園) • • ③ 여러 사람이 쉴 수 있게 만든 정원

다음 문장에 맞는 한자 어휘를 써 보십시오.

가. 나는 지난 주말에 (　　　)에 가서 사자와 원숭이를 보았다.

나. 나는 어렸을 때부터 피아노를 쳤는데 아마 (　　　)에 다닐 때부터 배운 것 같다.

다. 요즘 날씨가 따뜻해져서 (　　　)에서 산책을 하거나 운동을 하는 사람들이 많다.

정답
가. ③ **나.** ② **다.** ①
가. 동물원 **나.** 유치원 **다.** 공원

7. 관(館)

소리	뜻	써 보기				
관	집, 건물	館	館	館	館	館

5과

관(館)이 들어간 한자 어휘의 의미를 연결해 보십시오.

가. 박물관(博物館) • • ① 영화를 보여 주는 곳

나. 영화관(映畵館) • • ② 교육이나 연구를 위한 많은 자료, 예술품 등을 모아 놓은 곳

다. 학생회관(學生會館) • • ③ 학생들이 쉬거나 여러 활동을 할 수 있는 곳

다음 문장에 맞는 한자 어휘를 써 보십시오.

가. 대학생들은 (　　　)에서 모임도 하고 동아리 활동도 할 수 있다.

나. 경복궁 옆에는 역사적 물건들이 전시되어 있는 국립민속(　　　)이/가 있다.

다. 영화가 2시에 시작하니까 (　　　) 앞에서 1시 반에 만나자.

정답
가. ② 나. ① 다. ③
가. 학생회관 나. 박물관 다. 영화관

漢字 더 배워 보기

1. 다음 반대 의미를 가진 한자(1)를 배워 봅시다.

內		↔	外	
소리	내		소리	외
뜻	안		뜻	밖

長		↔	短	
소리	장		소리	단
뜻	길다		뜻	짧다

大		↔	小	
소리	대		소리	소
뜻	크다		뜻	작다

高		↔	低	
소리	고		소리	저
뜻	높다		뜻	낮다

2. 빈칸에 알맞은 한자를 써 보십시오.

가. 이곳은 (　　)국인만 들어갈 수 있다. 내국인은 들어갈 수 없다.

나. 원룸에 사는 것과 기숙사에 사는 것의 (　　)점과 단점을 비교해서 결정해야 한다.

다. 요즘에는 대규모 결혼식보다는 친한 친척이나 친구만 초대하는 (　　)규모 결혼식이 더 많아졌다.

라. 어제 서울 날씨의 최(　　) 기온은 32도(℃), 최저 기온은 25도(℃)였다.

마. 겨울에는 실(　　) 수영장에서 수영 연습을 한다.

바. 그 노래는 고음으로 부르기 어려워서 음을 내려서 (　　)음으로 불렀다.

정답 | **가.** 外(외) **나.** 長(장) **다.** 小(소) **라.** 高(고) **마.** 內(내) **바.** 低(저)

漢字 더 써 보기

習(습)

5과

6과

雨傘(우산)을 챙기세요

- **한자 알아보기 :** 계절

- **오늘의 한자**

  우(雨), 기(氣), 온(溫), 강(强), 풍(風), 폭(暴), 설(雪)

- **한자 배우기**

  우산(雨傘), 일기(日氣), 기온(氣溫), 강풍(强風), 폭설(暴雪)

漢字 알아보기

1. 계절을 나타내는 한자를 알아봅시다.

한자	소리	뜻	쓰기		
春	춘	봄	春	春	春
夏	하	여름	夏	夏	夏
秋	추	가을	秋	秋	秋
冬	동	겨울	冬	冬	冬

2. 한자 춘(春), 하(夏), 추(秋), 동(冬)이 들어간 어휘

春	입춘(立春)	봄이 시작되는 때
	청춘(青春)	10대 후반부터 20대까지의 젊은 나이
	사춘기(思春期)	아이가 어른이 되기 전 몸이나 정신이 변하는 시기
夏	입하(立夏)	여름이 시작되는 때
	하계(夏季)	사계절 중 여름
	하복(夏服)	여름에 입는 옷
秋	입추(立秋)	가을이 시작되는 때
	추수(秋收)	쌀이나 보리 등의 곡식을 가을에 거두어들임
	추석(秋夕)	한국의 명절 중 하나. 음력 8월 15일
冬	입동(立冬)	겨울이 시작되는 때
	동계(冬季)	사계절 중 겨울
	동복(冬服)	겨울에 입는 옷

3. 다음 보기에서 알맞은 어휘를 찾아 써 보십시오.

보기

동계 (冬季)	청춘 (青春)	하복 (夏服)	추석 (秋夕)	사춘기 (思春期)	입동 (立冬)

가. (　　　　)에는 가족들이 다 같이 모여 송편을 먹으면서 즐거운 시간을 보낸다.

나. 겨울에 열리는 (　　　　) 올림픽에서는 스케이트, 스키, 아이스하키 등의 경기를 한다.

다. (　　　　)이/가 되면 감정이 예민해져서 화를 많이 내고, 부모보다는 친구를 더 좋아한다.

라. 날씨가 더워져서 우리 학교는 다음 주부터 (　　　　)을/를 입는다.

6과

여기서 잠깐!

계절과 관련이 있는 한자 성어

1.	삼한 사온(三寒 四溫)	'3일은 춥고 4일은 따뜻하다'라는 뜻. 한국의 겨울 날씨를 표현하는 말
2.	천고마비(天高馬肥)	'하늘은 높고 말은 살찐다'라는 뜻. 가을을 나타내는 말

정답 | 가. 秋夕(추석) 나. 冬季(동계) 다. 思春期(사춘기) 라. 夏服(하복)

6과 雨傘(우산)을 챙기세요.

日氣豫報(일기예보)

안녕하십니까? 날씨를 알려드리겠습니다.

오늘 아침 氣溫(기온)은 어제보다 높고 오후부터는 낮아지면서 차차 흐려지겠습니다.

내일 아침에는 전국에 비가 오겠습니다. 출근길에는 雨傘(우산)을 챙기시기 바랍니다.

이번 주말에는 强風(강풍)과 함께 暴雪(폭설)이 내리는 곳도 있으니 외출하실 때 주의하시기 바랍니다.

오늘의 漢字

雨	우
氣	기
溫	온
强	강
風	풍
暴	폭
雪	설

漢字 배우기

	어휘	한자	영어
1	우산	雨傘	umbrella
2	일기	日氣	weather
3	기온	氣溫	temperature
4	강풍	强風	strong wind
5	폭설	暴雪	heavy snow

새 漢字 공부하기

1. 우(雨)

소리	뜻	써 보기				
우	비	雨	雨	雨	雨	雨

6과

우(雨)가 들어간 한자 어휘의 의미를 연결해 보십시오.

가. 우비(雨備) •　　　• ① 비가 많이 내려서 위험하다고 미리 알려주는 것

나. 강우량(降雨量) •　　　• ② 일정 시간 동안 일정 장소에 내리는 비의 양

다. 호우주의보(豪雨注意報) •　　　• ③ 비를 맞지 않게 사용하는 비옷 등의 물건

다음 문장에 맞는 한자 어휘를 써 보십시오.

가. 내일 섬과 바닷가 지역에 바람이 불고 많은 비가 오니까 조심하라는 (　　　)이/가 내려졌다.

나. 등산을 하는데 갑자기 비가 내려서 가지고 온 (　　　)을/를 꺼냈다.

다. 올해는 비가 많이 와서 작년에 비해 (　　　)이/가 많았다.

정답			
	가. ③	나. ②	다. ①
	가. 호우주의보	나. 우비	다. 강우량

2. 기(氣)

소리	뜻	써 보기				
기	기운	氣	氣	氣	氣	氣

기(氣)가 들어간 한자 어휘의 의미를 연결해 보십시오.

가. 공기(空氣) • • ① 지구를 둘러싼 투명한 기체

나. 기온(氣溫) • • ② 하루의 날씨

다. 일기(日氣) • • ③ 공기의 따뜻함과 차가움의 정도

다음 문장에 맞는 한자 어휘를 써 보십시오.

가. 시골에는 차가 별로 없고 나무가 많아서 ( )이/가 좋다.

나. 낮에는 15도(℃) 정도로 춥지 않은데 밤에는 ( )이/가 영하로 내려가서 춥다.

다. 예전에는 TV에서 날씨를 알려주는 ( )예보를 봤는데, 요즘은 스마트폰으로 쉽게 알 수 있다.

정답
가. ① 나. ③ 다. ②
가. 공기 나. 기온 다. 일기

3. 온(溫)

소리	뜻	써 보기				
온	따뜻하다	溫	溫	溫	溫	溫

온(溫)이 들어간 한자 어휘의 의미를 연결해 보십시오.

가. 온도(溫度) • • ① 따뜻함과 차가움의 정도

나. 온난화(溫暖化) • • ② 방바닥을 따뜻하게 하는 난방법

다. 온돌(溫突) • • ③ 지구의 기온이 올라가는 것

다음 문장에 맞는 한자 어휘를 써 보십시오.

가. ( )은/는 한국의 전통적인 난방법으로 현재도 사용되고 있다.

나. 우리 교실에는 ( )을/를 조절할 수 있는 냉난방 시스템이 있다.

다. 지구의 기온이 높아지는 ( ) 현상으로 이상 기온 등의 심각한 문제가 생기고 있다.

정답
가. ① 나. ③ 다. ②
가. 온돌 나. 온도 다. 온난화

6과

4. 강(强)

소리	뜻	써 보기				
강	강하다	强	强	强	强	强

강(强)이 들어간 한자 어휘의 의미를 연결해 보십시오.

가. 강력(强力) •	• ① 남이 원하지 않는 일을 하도록 요구함
나. 강요(强要) •	• ② 힘이나 영향이 셈
다. 강조(强調) •	• ③ 어떤 부분을 특히 강하게 이야기하거나 돋보이게 함

다음 문장에 맞는 한자 어휘를 써 보십시오.

가. 사람을 죽이거나 심하게 때리는 등의 범죄를 (　　　) 범죄라고 한다.

나. 음악을 전공하고 싶었지만 부모님의 (　　　)(으)로 경제학과에 입학했다.

다. 선생님께서는 이 문법이 중요하다고 여러 번 (　　　)하셨다.

정답
가. ② **나.** ① **다.** ③
가. 강력 **나.** 강요 **다.** 강조

5. 풍(風)

소리	뜻	써 보기				
풍	바람	風	風	風	風	風

풍(風)이 들어간 한자 어휘의 의미를 연결해 보십시오.

가. 태풍(颱風) •	• ① 전기를 사용해서 시원한 바람을 만드는 기계

나. 선풍기(扇風機) •	• ② 세게 부는 바람이나 강력하게 일어나는 어떤 현상

다. 열풍(烈風) •	• ③ 열대 지역에서 비가 함께 올라오는 크고 빠른 바람

다음 문장에 맞는 한자 어휘를 써 보십시오.

가. 남쪽에서 올라오고 있는 (　　)의 영향으로 제주도로 가는 비행기가 취소되었다.

나. 전 세계적으로 K-POP, 드라마, 영화 등 한국 문화의 (　　)이/가 불고 있다.

다. 기숙사 방 안이 너무 더운데 에어컨이 고장 나서 (　　)을/를 샀다.

정답
가. ③　나. ①　다. ②
가. 태풍　나. 열풍　다. 선풍기

6과

6. 폭(暴)

소리	뜻	써 보기				
폭	사납다	暴	暴	暴	暴	暴

폭(暴)이 들어간 한자 어휘의 의미를 연결해 보십시오.

가. 폭풍우(暴風雨) •　　　　• ① 다른 사람에게 거칠고 사납게 하는 것

나. 폭염(暴炎) •　　　　• ② 강한 바람과 함께 내리는 많은 비

다. 폭력(暴力) •　　　　• ③ 매우 더운 것

다음 문장에 맞는 한자 어휘를 써 보십시오.

가. 오늘 기온이 35도(℃) 이상 올라가서 낮에는 외부 활동을 하지 말라는 (　　　) 경보가 내려졌다.

나. 그 지역에 이틀 동안 계속된 (　　　) 때문에 집이 무너지고 차들이 물에 잠겼다.

다. 아무리 화가 나도 먼저 사람을 때리는 등의 (　　　)을/를 쓰면 안 된다.

정답
가. ② 나. ③ 다. ①
가. 폭염 나. 폭풍우 다. 폭력

7. 설(雪)

소리	뜻	써 보기				
설	눈	雪	雪	雪	雪	雪

설(雪)이 들어간 한자 어휘의 의미를 연결해 보십시오.

가. 폭설(暴雪) • • ① '눈 위에 서리가 내린다'는 뜻으로 나쁜 일이 계속 일어나는 것을 말함

나. 설탕(雪糖) • • ② 사탕수수로 만든 맛이 단 하얀 가루

다. 설상가상(雪上加霜) • • ③ 갑자기 많이 오는 눈

다음 문장에 맞는 한자 어휘를 써 보십시오.

가. 지갑을 잃어버려서 찾다가 ( )(으)로 계단에서 넘어져서 다리도 다쳤다.

나. 밤사이 20 센티미터(cm) 이상 내린 ( ) 때문에 오늘은 모든 초등학교가 문을 닫았다.

다. 건강을 위해 ( ) 대신 꿀이나 과일을 넣어 난밧을 낸나.

정답
가. ③ 나. ② 다. ①
가. 설상가상 나. 폭설 다. 설탕

6과

漢字 더 배워 보기

1. 다음 반대 의미를 가진 한자(2)를 배워 봅시다.

한자	소리	뜻		한자	소리	뜻
强	강	강하다	↔	弱	약	약하다
多	다	많다	↔	少	소	적다
男	남	남자	↔	女	녀/여	여자
老	로/노	늙다	↔	少	소	젊다
生	생	살다	↔	死	사	죽다
禍	화	불행	↔	福	복	행복

2. 위에서 알맞은 한자를 찾아 써 보십시오.

가. 지난밤에 지진이 발생하여 그 지역 사람들의 (　　)(　　)이/가 아직 확인되지 않고 있다.

나. 청바지는 (　　)(　　)(　　)(　　) 모두 즐겨 입는 옷이다.

다. 고등학생이 이 일을 해결하기에는 (　　)(　　) 어려움이 있다.

라. 발표를 할 때는 말소리의 (　　)(　　)을 잘 조절하는 것이 좋다.

정답 | **가.** 生(생), 死(사) **나.** 男(남), 女(녀), 老(노), 少(소)
다. 多(다), 少(소) **라.** 强(강), 弱(약)

3. 다음 부수가 들어간 한자를 배워 봅시다.

부수	소리	뜻
雨	우	비

[부수 '雨'가 들어간 한자]

한자	소리	뜻
① 雲	운	구름
② 霜	상	서리
③ 露	로	이슬

漢字 더 써 보기

風(풍)

丿 几 凡 凨 凬 凬 凬 風 風

종합문제 1

점수 ______/100

01 다음 한자의 의미와 소리를 연결해 보십시오. (20X2=40점)

한자	의미	소리
가. 食	A 배우다	a 식
나. 登	B. 자동차	b. 교
다. 學	C. 공평하다	c. 차
라. 書	D. 먹다	d. 학
마. 教	E. 가르치다	e. 등
바. 車	F. 오르다	f. 음
사. 飮	G. 바람	g. 공
아. 公	H. 책	h. 후
자. 後	I. 마시다	I. 서
차. 風	J. 뒤	j. 풍

02 다음 한자 어휘의 소리를 써 보십시오. (6X2=12점)

가.

先	生
	생

나.

來	年
내	

다.

親	舊
	구

라.

公	園
공	

마.

外	交
	교

바 .

生	日
생	

03 다음 문장 안에 있는 한자 어휘를 한글로 써 보십시오. (8X3=24점)

가. 그 사람은 **大學校**(　　　)에서 **學生**(　　　)들에게 한국어를 가르친다.

나. **教室**(　　　)에 **窓門**(　　　)이 많다.

다. 한국어 **初級班**(　　　) **教授**(　　　)님은 누구세요?

라. 서울은 **地下鐵**(　　　)과 버스 타기가 편하다.

마. 요즘은 아침과 저녁에 **氣溫**(　　　) 차이가 심해서 감기에 걸리기 쉽다.

04 다음 빈칸에 공통으로 들어갈 한자는 무엇입니까? (3X2=6점)

1) (　　　)

(　　)회	(　　)계	비행(　　)

가. 校　　나. 學　　다. 機　　라. 門

2) (　　　)

혁기(　　)	질(　　)	구(　　)

가. 校　　나. 末　　다. 水　　라. 主

3) (　　　)

(　　)소	(　　)제	기(　　)사

가. 宿　　나. 食　　다. 科　　라. 車

종합문제 1

05 다음 중 '가르치다'의 뜻을 가진 '敎'가 <u>들어가지 않은</u> 단어는 무엇입니까? (2점) (　　　)

가. 교육　　나. 교수　　다. 교문　　라. 교과서

06 다음 중 '약속하다'의 뜻을 가진 '約'이 <u>들어가지 않은</u> 단어는 무엇입니까? (2점) (　　　)

가. 계약　　나. 약혼　　다. 약국　　라. 예약

07 다음 중 '팔다'의 뜻을 가진 '賣'가 <u>들어가지 않은</u> 단어는 무엇입니까? (2점) (　　　)

가. 매주　　나. 매표소　　다. 판매　　라. 매매

08 다음 중 '배우다'의 뜻을 가진 '習'이 <u>들어가지 않은</u> 단어는 무엇입니까? (2점) (　　　)

가. 습관　　나. 복습　　다. 연습　　라. 습도

※ 다음 글을 읽고 질문에 답하십시오. (각 2.5점)

> 한국어 수업은 매주 火曜日과 木曜日, 오전 九時 半부터 十時 四十 五分까지 있어요. 金曜日에는 친구들과 모여서 한국어 연습을 해요. 기말시험이 다음 주 水曜日에 있어서 열심히 공부하고 있어요.

09 친구들과 무슨 요일에 모여서 한국어를 연습합니까? (　　　)

가. 월요일　　나. 화요일　　다. 목요일　　라. 금요일

10 한국어 수업이 있는 날은 언제입니까? (　　　)

가. 월요일　　나. 화요일　　다. 수요일　　라. 금요일

11 한국어 수업은 몇 시에 시작합니까? (　　　)

가. 오전 10시　　나. 오전 9시 30분
다. 오전 10시 45분　　라. 오전 9시 45분

12 기말시험은 무슨 요일에 있습니까? (　　　)

가. 월요일　　나. 화요일　　다. 수요일　　라. 금요일

종합문제 1 정답

01 가-D-a　나-F-e　다-A-d　라-H-i　마-E-b
바-B-c　사-I-f　아-C-g　자-J-h　차-G-j

02 가. 선　나. 년　다. 친　라. 원　마. 외　바. 일

03 가. 대학교, 학생　나. 교실, 창문　다. 초급반, 교수
라. 지하철　마. 기온

04 1) 다. 機　2) 나. 末　3) 가. 宿

05 다. 교문

06 다. 약국

07 가. 매주

08 라. 습도

09 라. 금요일

10 나. 화요일

11 나. 오전 9시 30분

12 다. 수요일

MEMO

7과

제주도로 旅行(여행)을 가고 싶어요

- **한자 알아보기 :** 방향

- **오늘의 한자**

  행(行), 산(山), 연(連), 휴(休), 자(自), 관(觀), 광(光)

- **한자 배우기**

  여행(旅行), 산(山), 연휴(連休), 자연(自然), 관광(觀光)

漢字 알아보기

1. 방향을 나타내는 한자를 알아봅시다.

한자	소리	뜻	쓰기		
東	동	동쪽	東	東	東
西	서	서쪽	西	西	西
南	남	남쪽	南	南	南
北	북	북쪽	北	北	北

2. 자연을 나타내는 한자를 알아봅시다.

	한자	소리	뜻	한자가 들어간 이름
1	川	천	내, 냇물	청계천, 인천
2	江	강	강	한강, 강화도
3	海	해	바다	해운대, 남해
4	洋	양	큰 바다	태평양, 인도양, 대서양
5	山	산	산	남산, 설악산
6	花	화	꽃	무궁화, 화병
7	草	초	풀	초가집, 서초동, 초식동물
8	木	목	나무	목련꽃, 수목원

3. 다음의 뜻에 맞는 한자 어휘를 보기에서 골라 써 보십시오.

보기

山川草木 (산천초목)	花草 (화초)	江山 (강산)	海洋 (해양)

가. 넓고 큰 바다

____

나. 강과 산이라는 뜻. 자연의 경치를 말함

____

다. 집에서 키우는 꽃과 풀

____

라. 산, 냇물, 풀, 나무라는 뜻. 자연을 말함

____

정답 | **가.** 海洋(해양) **나.** 江山(강산) **다.** 花草(화초) **라.** 山川草木(산천초목)

7과

7과 제주도로 旅行(여행)을 가고 싶어요.

山(산)에도 올라갈 거예요.

유미: 이번 連休(연휴)에 뭐 할 거예요?
제니: 친구들하고 같이 제주도에 가기로 했어요.
유미: 아, 그래요? 좋겠어요.
제니: 저는 제주도가 처음인데, 제주도는 볼 게 많지요?
유미: 그럼요. 自然(자연)도 아름답고 박물관도 많아요. 요즘에는 식당과 카페도 유명한 觀光(관광)지예요.
제니: 기대가 되네요. 시간이 되면 한라산(山)에도 올라가고 싶어요.

오늘의 漢字

行	행
山	산
連	연
休	휴
自	자
觀	관
光	광

漢字 배우기

	어휘	한자	영어
1	여행	旅行	travel
2	산	山	mountain
3	연휴	連休	consecutive holidays
4	자연	自然	nature
5	관광	觀光	sightseeing

새 漢字 공부하기

1. 행(行)

소리	뜻	써 보기				
행	다니다, 행하다	行	行	行	行	行

◆ 행(行)이 들어간 한자 어휘의 의미를 연결해 보십시오.

가. 여행(旅行) •	•	① 사람들이 모여서 어떤 일을 함
나. 운행(運行) •	•	② 쉬거나 놀기 위해 다른 곳이나 다른 나라에 가는 것
다. 행사(行事) •	•	③ 정해진 길을 따라서 기차나 차 등으로 다니는 것

◆ 다음 문장에 맞는 한자 어휘를 써 보십시오.

가. 내년 방학에는 친구들과 프랑스로 (　　　)을/를 할 계획이다.

나. 토요일에 비가 오면 공원에서 할 예정인 '안 쓰는 물건 나누기' (　　　)은/는 취소해야 한다.

다. 오늘은 비가 많이 와서 지하철 일부 구간은 (　　　)하지 않는다.

정답
가. ② 나. ③ 다. ①
가. 여행 나. 행사 다. 운행

7과

2. 산(山)

소리	뜻	써 보기				
산	산	山	山	山	山	山

산(山)이 들어간 한자 어휘의 의미를 연결해 보십시오.

가. 산행(山行) •　　• ① 땅 속에 있는 가스나 마그마가 땅 위로 나와 생긴 산

나. 화산(火山) •　　• ② 금이나 은과 같은 것을 캐내는 곳

다. 광산(鑛山) •　　• ③ 산길을 걸어가는 것

다음 문장에 맞는 한자 어휘를 써 보십시오.

가. (　　　)이/가 폭발해서 생긴 제주도에는 돌이 많이 있다.

나. 박 선생님은 산을 좋아하셔서 (　　　)을/를 자주 하신다.

다. 강원도 정선에 가면 옛날에는 석탄을 캤지만 지금은 사용하지 않는 (　　　)을/를 구경할 수 있다.

정답
가. ③　나. ①　다. ②
가. 화산　나. 산행　다. 광산

3. 연(連)

소리	뜻	써 보기				
연	이어지다	連	連	連	連	連

연(連)이 들어간 한자 어휘의 의미를 연결해 보십시오.

가. 연속(連續) • • ① 끊어지지 않고 이어짐

나. 연결(連結) • • ② 어떤 일을 다른 사람에게 알림

다. 연락(連絡) • • ③ 서로 이어지게 하거나 관계를 만들어 주는 것

7과

다음 문장에 맞는 한자 어휘를 써 보십시오.

가. 백화점이 지하철역과 (   )되어서 편리하다.

나. 휴대폰이 고장나서 회의 장소가 바뀌었다는 (   )을/를 받지 못했다.

다. 이번 시즌에 내가 좋아하는 야구팀이 다섯 경기를 (   )(으)로 이기고 있다.

정답
가. ① **나.** ③ **다.** ②
가. 연결 **나.** 연락 **다.** 연속

4. 휴(休)

소리	뜻	써 보기				
휴	쉬다	休	休	休	休	休

휴(休)가 들어간 한자 어휘의 의미를 연결해 보십시오.

가. 휴가(休暇) • • ① 이틀 이상 계속되는 쉬는 날

나. 휴식(休息) • • ② 직장이나 학교 등에서 일정 기간 동안 쉬는 것

다. 연휴(連休) • • ③ 하던 일을 멈추고 잠깐 쉬는 것

다음 문장에 맞는 한자 어휘를 써 보십시오.

가. 올해 추석(　　　)은/는 주말까지 합쳐서 모두 7일이다.

나. 이번 여름 (　　　)에는 부모님을 뵈러 고향에 갈 계획이다.

다. 경제학 수업은 중간에 (　　　) 시간 없이 두 시간 동안 계속 한다.

정답
가. ② 나. ③ 다. ①
가. 연휴 나. 휴가 다. 휴식

5. 자(自)

소리	뜻	써 보기				
자	스스로	自	自	自	自	自

자(自)가 들어간 한자 어휘의 의미를 연결해 보십시오.

가. 자연(自然) • • ① 사람의 힘으로 바꾸지 않은 원래의 상태

나. 자유(自由) • • ② 스스로 충분히 할 수 있다는 느낌

다. 자신감(自信感) • • ③ 어떤 일을 자기 마음대로 할 수 있는 상태

다음 문장에 맞는 한자 어휘를 써 보십시오.

가. 처음에는 한국어 발음이 나빠서 말하기가 어려웠는데 매일 두 시간씩 말하기 연습을 한 후 (   )이/가 많이 생겼다.

나. 뉴욕에는 유명한 관광지가 많은데 특히 배를 타고 가면서 볼 수 있는 '(   )의 여신상'이 유명하다

다. 제주도는 산과 바다가 아름다워서 (   )을/를 즐기기에 좋다.

정답
가. ① 나. ③ 다. ②
가. 자신감 나. 자유 다. 자연

6. 관(觀)

소리	뜻	써 보기				
관	보다	觀	觀	觀	觀	觀

관(觀)이 들어간 한자 어휘의 의미를 연결해 보십시오.

가. 관광(觀光) • • ① 어떤 것에 대해 개인이 가지고 있는 생각과 태도

나. 관객(觀客) • • ② 내가 살지 않는 다른 곳에 가서 경치, 문화 등을 구경하는 것

다. 가치관(價値觀) • • ③ 영화나 공연 등을 보는 사람

다음 문장에 맞는 한자 어휘를 써 보십시오.

가. 서울에 도착하자마자 시내 (　　　)을/를 하러 명동에 갔다.

나. 대학에 들어가고 나서 직업에 대한 (　　　)이/가 많이 바뀌었다.

다. 집에서 쉽게 영화를 볼 수 있게 돼서 영화관에 가서 영화를 보는 (　　　)수가 적어졌다.

정답
가. ② **나.** ③ **다.** ①
가. 관광 **나.** 가치관 **다.** 관객

7. 광(光)

소리	뜻	써 보기				
광	빛나다	光	光	光	光	光

광(光)이 들어간 한자 어휘의 의미를 연결해 보십시오.

가. 광택(光澤)	•	• ① 녹색 식물이 빛을 이용해서 산소 등을 만들어내는 것
나. 광합성(光合成)	•	• ② 정면으로 곧게 비치는 빛
다. 직사광선(直射光線)	•	• ③ 물체에서 반짝거리는 빛

다음 문장에 맞는 한자 어휘를 써 보십시오.

가. 여름에 바닷가에 갈 때에는 (　　　)을/를 피하기 위해 선글라스와 모자를 쓰는 것이 좋다.

나. 중고차를 사서 (　　　)을/를 내니까 새 차처럼 반짝거렸다.

다. 사람이 음식을 먹어 에너지를 얻는 것처럼 식물도 (　　　)을/를 통해 에너지를 만든다.

정답
가. ③ 나. ① 다. ②
가. 직사광선 나. 광택 다. 광합성

7과

漢字 더 배워 보기

☆ 동물을 나타내는 한자를 배워 봅시다.

	한자	소리	동물		한자가 들어간 이름
1	牛	우	소		한우, 우유
2	豚	돈	돼지		돈가스, 양돈
3	鷄	계	닭		계란, 삼계탕
4	犬	견	개		견주, 대형견
5	魚	어	물고기		인어, 연어
6	鳥	조	새		백조, 불사조
7	馬	마	말		마차, 승마
8	龍	용/룡	용		용산, 구룡폭포
9	蛇	사	뱀		살모사, 제주도 김녕사굴

여기서 잠깐!

동물과 관련이 있는 한자 성어

가. 우이독경(牛耳讀經): '소의 귀에 책을 읽어준다'. 아무리 설명해도 이해하지 못함

나. 어부지리(漁父之利): '어부의 이익'. 두 사람이 싸울 때 관계없는 다른 사람이 이익을 얻음

다. 일석이조(一石二鳥): '돌 하나를 던져 새 두 마리를 잡는다'. 한 가지 일을 해서 동시에 두 가지의 이익을 얻음

라. 천고마비(天高馬肥): '하늘은 높고 말은 살찐다'. 계절 중에서 가을을 뜻함

마. 용두사미(龍頭蛇尾): '용의 머리, 뱀의 꼬리'. 시작은 크고 멋있지만 끝은 작고 초라함

漢字 더 써 보기

連(연)

一 丅 冂 冃 冃 亘 車 車 連 連 連

8과

洗濯機(세탁기)를 사야 돼요

- **한자 알아보기 :** 가전제품

- **오늘의 한자**

  세(洗), 할(割), 가(家), 전(電), 품(品), 주(住), 가(價)

- **한자 배우기**

  세탁기(洗濯機), 할인(割引), 가전제품(家電製品), 주소(住所), 가격(價格)

漢字 알아보기

1. 가전제품의 한자를 알아봅시다.

가전제품	한자	소리	뜻
냉장고	冷	냉	차갑다
	藏	장	저장하다, 보관하다
	庫	고	창고
청소기	淸	청	맑다, 깨끗하다
	掃	소	쓸어내다, 버리다
	機	기	기계
세탁기	洗	세	씻다
	濯	탁	씻다
	機	기	기계
건조기	乾	건	마르다
	燥	조	마르다
	機	기	기계
가습기	加	가	더하다
	濕	습	습하다, 습기
	器	기	그릇
공기 청정기	淸	청	맑다, 깨끗하다
	淨	정	깨끗하다
	器	기	그릇
정수기	淨	정	깨끗하다
	水	수	물
	器	기	그릇

2. 다음 설명에 맞는 가전제품을 써 보십시오.

가. 더러워진 옷을 깨끗하게 만들어 주는 기계 (   )

나. 음식을 차가운 온도에서 오랫동안 보관할 수 있게 해 주는 기계 (   )

다. 마실 물을 깨끗하게 만들어 주는 기계 (   )

라. 공기를 깨끗하게 만들어 주는 기계 (   )

마. 빨래나 그릇의 물기를 없애서 마르게 하는 기계 (   )

바. 실내를 건조하지 않게 습도를 높여 주는 기계 (   )

사. 방의 먼지를 없애서 깨끗하게 청소해 주는 기계 (   )

8과

정답 | **가.** 洗濯機(세탁기) **나.** 冷藏庫(냉장고) **다.** 淨水器(정수기) **라.** 공기 清淨器(청정기) **마.** 乾燥機(건조기) **바.** 加濕器(가습기) **사.** 清掃機(청소기)

8과 洗濯機(세탁기)를 사야 돼요.

이 洗濯機(세탁기)는 60% 割引(할인)이에요.

洗濯機(세탁기)를 사러 家電製品(가전제품) 파는 가게에 갔어요. 물건이 많아서 고르기가 어려웠어요. 마침 60% 割引(할인)을 하는 洗濯機(세탁기)가 있어서 그걸 사고 싶었는데 그건 교환이 안 되는 상품이었어요.
저는 조금 걱정했지만 12개월 할부가 돼서 샀어요. 배달을 해 준다고 해서 집 住所(주소)를 알려줬어요. 價格(가격)이 싼 세탁기를 사서 좋기는 한데 금방 고장 나면 어떡하지요?

오늘의 漢字

洗	세
割	할
家	가
電	전
品	품
住	주
價	가

漢字 배우기

	어휘	한자	영어
1	세탁기	洗濯機	laundry machine
2	할인	割引	discount
3	가전제품	家電製品	home appliances
4	주소	住所	address
5	가격	價格	price

새 漢字 공부하기

1. 세(洗)

소리	뜻	써 보기				
세	씻다	洗	洗	洗	洗	洗

세(洗)가 들어간 한자 어휘의 의미를 연결해 보십시오.

가. 세수(洗手) •		• ① 물에 풀어서 씻는 데 쓰는 비누
나. 세차(洗車) •		• ② 손이나 얼굴을 물로 씻음
다. 세제(洗劑) •		• ③ 자동차를 물로 씻음

다음 문장에 맞는 한자 어휘를 써 보십시오.

가. 환경을 보호하기 위해 빨래를 할 때 친환경 (　　　)을/를 사용한다.

나. 시험공부를 하다가 너무 졸려서 찬물로 (　　　)을/를 했다.

다. 어제 (　　　)을/를 했는데 오늘 비가 와서 차가 더러워졌다.

정답
가. ② 나. ③ 다. ①
가. 세제 나. 세수 다. 세차

8과

2. 할(割)

소리	뜻	써 보기				
할	나누다, 자르다	割	割	割	割	割

할(割)이 들어간 한자 어휘의 의미를 연결해 보십시오.

가. 할부(割賦) • • ① 원래 값에서 얼마를 빼는 것

나. 할인(割引) • • ② 맡은 직책이나 임무

다. 역할(役割) • • ③ 물건을 산 후 돈을 나누어 내는 것

다음 문장에 맞는 한자 어휘를 써 보십시오.

가. 이번 뮤지컬에서 동생이 주인공 (　　　)을/를 맡았다.

나. 노트북 컴퓨터가 비싸서 12개월 (　　　)(으)로 샀다.

다. 저녁때는 빵집이나 마트에서 (　　　)을/를 많이 해 주기 때문에 그때 가면 물건을 싸게 살 수 있다.

정답
가. ③ **나.** ① **다.** ②
가. 역할 **나.** 할부 **다.** 할인

3. 가(家)

소리	뜻	써 보기				
가	집, 전문가	家	家	家	家	家

가(家)가 들어간 한자 어휘의 의미를 연결해 보십시오.

가. 가정(家庭) • • ① 요리, 청소, 빨래 등의 집안 일

나. 가사(家事) • • ② 가족들이 모여 있는 집안

다. 전문가(專門家) • • ③ 어떤 분야에 많은 지식과 경험을 가진 사람

다음 문장에 맞는 한자 어휘를 써 보십시오.

가. 그 문제는 ( )을/를 찾아 물어보는 것이 제일 좋다.

나. 요즘 부부들은 빨래나 설거지, 요리 등의 ( )을/를 서로 나누어서 한다.

다. 그 배우는 어렸을 때 ( ) 형편이 어려워서 밤낮으로 아르바이트를 했다.

정답
가. ② 나. ① 다. ③
가. 전문가 나. 가사 다. 가정

8과

4. 전(電)

소리	뜻	써 보기				
전	전기, 번개	電	電	電	電	電

전(電)이 들어간 한자 어휘의 의미를 연결해 보십시오.

가. 전화(電話) •	• ① 전화기로 말을 하고 듣는 것, 또는 그렇게 할 수 있는 기계
나. 전기(電氣) •	• ② 가정에서 사용하는 세탁기, 냉장고, 텔레비전 같은 전기 제품
다. 가전(家電) •	• ③ 전자의 움직임으로 생기는 에너지

다음 문장에 맞는 한자 어휘를 써 보십시오.

가. 태풍으로 그 지역에 물도 안 나오고 (　　　)도 끊겨서 불이 들어오지 않는다.

나. 요즘은 냉장고나 세탁기 같은 (　　　)제품에도 AI 기능이 들어있어서 쓰기가 편해졌다.

다. 요즘 대학생들은 (　　　)보다 문자나 이메일을 더 많이 하는 것 같다.

정답 | **가.** ① **나.** ③ **다.** ②
가. 전기 **나.** 가전 **다.** 전화

5. 품(品)

소리	뜻	써 보기				
품	물건	品	品	品	品	品

품(品)이 들어간 한자 어휘의 의미를 연결해 보십시오.

가. 신제품(新製品) •	• ① 연필, 공책 등 공부하는 데 필요한 물건
나. 화장품(化粧品) •	• ② 화장하는 데 쓰는 크림, 립스틱 등의 물건
다. 학용품(學用品) •	• ③ 새로 만든 물건

다음 문장에 맞는 한자 어휘를 써 보십시오.

가. 올해 그 휴대폰 회사는 작년보다 훨씬 더 작고 가벼워진 (　　)을/를 소개했다.

나. 새 학기가 시작되면 학생들은 공책이나 펜과 같은 (　　)을/를 준비한다.

다. 어머니께 주름이 없어지는 (　　)을/를 선물로 드렸다.

정답
가. ③　나. ②　다. ①
가. 신제품　나. 학용품　다. 화장품

6. 주(住)

소리	뜻	써 보기				
주	살다	住	住	住	住	住

주(住)가 들어간 한자 어휘의 의미를 연결해 보십시오.

가. 주민(住民) • • ① 어떤 지역에 살고 있는 사람

나. 주택(住宅) • • ② 사람이 사는 데 꼭 필요한 옷, 음식, 집

다. 의식주(衣食住) • • ③ 사람이 살 수 있게 지은 집

다음 문장에 맞는 한자 어휘를 써 보십시오.

가. 나는 여러 집이 모여서 사는 아파트보다 단독 (　　　)이/가 더 좋다.

나. 쓰레기 문제를 해결하기 위해 아파트에 사는 (　　　)들이 모여 회의를 했다.

다. 무엇을 먹는지, 무엇을 입는지, 어디에 사는지와 같은 (　　　)에 관한 문제도 중요하지만 정신적으로 행복하게 사는 것도 중요하다.

정답
가. ① 나. ③ 다. ②
가. 주택 나. 주민 다. 의식주

7. 가(價)

소리	뜻	써 보기				
가	값, 가격	價	價	價	價	價

가(價)가 들어간 한자 어휘의 의미를 연결해 보십시오.

가. 물가(物價) •　　　　• ① 석유의 가격

나. 유가(油價) •　　　　• ② 물건이나 서비스의 가격

다. 평가(評價) •　　　　• ③ 사람이나 물건의 가치나 수준을 따지는 것

다음 문장에 맞는 한자 어휘를 써 보십시오.

가. 아이돌 연습생들은 월말 (　　　)을/를 통해 춤과 노래 실력이 얼마나 늘었는지 확인할 수 있다.

나. 뉴욕이나 런던은 (　　　)이/가 높은 편이라서 생활비가 많이 든다.

다. (　　　)이/가 많이 오르는 바람에 비행기 표도 비싸졌다.

정답
가. ②　나. ①　다. ③
가. 평가　나. 물가　다. 유가

漢字 더 배워 보기

☆ 물건을 살 수 있는 장소를 배워 봅시다.

장소	한자	쓰기	
시장	市場	市場	市場
상점	商店	商店	商店
백화점	百貨店	百貨店	百貨店

漢字 더 써 보기

家(가)

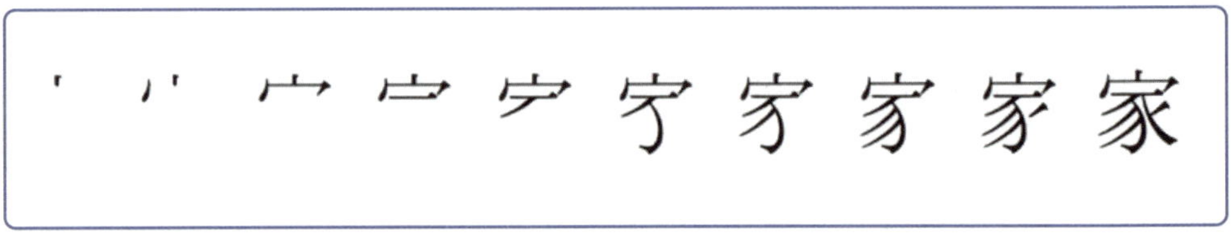

MEMO

9과

試驗(시험) 기간이에요

- **한자 알아보기 :** 두 가지 뜻을 합해 만든 한자

- **오늘의 한자**

  시(試), 준(準), 문(問), 설(設), 명(明), 작(作), 현(現)

- **한자 배우기**

  시험(試驗), 준비(準備), 문제(問題), 설명(說明), 작문(作文), 표현(表現)

漢字 알아보기

1. 두 가지 뜻을 합해 만든 한자를 알아봅시다.

日		+	月		=	明	
소리	일		소리	월		소리	명
뜻	해, 날		뜻	달		뜻	밝다

人(亻)		+	言		=	信	
소리	인		소리	언		소리	신
뜻	사람		뜻	말씀		뜻	믿다

人(亻)		+	木		=	休	
소리	인		소리	목		소리	휴
뜻	사람		뜻	나무		뜻	쉬다

女		+	子		=	好	
소리	녀, 여		소리	자		소리	호
뜻	여자		뜻	아들		뜻	좋다

9과 試驗(시험) 기간이에요.

試驗(시험) 準備(준비)를 하고 있어요.

제니: 스티브 씨, 경제학 시험공부 다 했어요?
스티브: 네, 거의 다 했어요.
제니: 저는 이 問題(문제)의 답을 모르겠어요. 說明(설명) 좀 해 주세요.
스티브: 이건 좀 어렵네요. 그런데 다른 시험 준비는 다 했어요?
제니: 열심히 하고 있는데 作文(작문) 시험이 제일 걱정이에요.
스티브: 저도 지난 학기에 그 수업을 들었는데, 여러 가지 表現(표현)을 다양하게 쓰는 게 중요했어요.

오늘의 漢字

試	시
準	준
問	문
設	설
明	명
作	작
現	현

9과

漢字 배우기

	어휘	한자	영어
1	시험	試驗	exam
2	준비	準備	preparation
3	문제	問題	question
4	설명	說明	explanation
5	작문	作文	composition
6	표현	表現	expression

새 漢字 공부하기

1. 시(試)

소리	뜻	써 보기				
시	시험	試	試	試	試	試

시(試)가 들어간 한자 어휘의 의미를 연결해 보십시오.

가. 시험(試驗) •   • ① 입학하기 위해 받는 여러 가지 평가

나. 시합(試合) •   • ② 운동 경기에서 승부를 가리는 것

다. 입시(入試) •   • ③ 실력이나 지식의 수준 등을 알아보는 것

다음 문장에 맞는 한자 어휘를 써 보십시오.

가. 몇 년 동안 계속 지기만 했던 우리 학교가 이번 축구 (　　　)에서 2 대 0으로 이겼다.

나. 장학금을 받으려면 이번 (　　　)에서 A+를 받아야 한다.

다. 한국에서는 고등학교 3학년이 되면 온 가족이 대학 (　　　)이/가 끝날 때까지 긴장한다.

정답 | 가. ③ 나. ② 다. ①
가. 시합 나. 시험 다. 입시

2. 준(準)

소리	뜻	써 보기				
준	올바른 기준	準	準	準	準	準

준(準)이 들어간 한자 어휘의 의미를 연결해 보십시오.

가. 준비물(準備物) • • ① 그 나라에서 기준이 되는 언어

나. 수준(水準) • • ② 실력의 기준이 되는 정도

다. 표준어(標準語) • • ③ 어떤 일을 할 때 필요한 물건

다음 문장에 맞는 한자 어휘를 써 보십시오.

가. 지역 방송국의 뉴스 앵커들은 그 지역의 사투리를 쓰지 않고 (　　)을/를 사용한다.

나. 학기 초에 학생들에게 학교생활에 필요한 여러 가지 (　　) 목록을 나누어 주었다.

다. 한국의 대학교에서 수업을 들을 수 있는 (　　)은/는 보통 토픽 3급 이상이다

9과

정답
가. ③ 나. ② 다. ①
가. 표준어 나. 준비물 다. 수준

3. 문(問)

소리	뜻	써 보기				
문	묻다	問	問	問	問	問

문(問)이 들어간 한자 어휘의 의미를 연결해 보십시오.

가. 질문(質問) • • ① 사람이나 장소를 찾아가 보는 것

나. 방문(訪問) • • ② 모르는 것을 물어보는 것

다. 문제(問題) • • ③ 답을 내야 하는 물음, 또는 해결하기 어려운 일

다음 문장에 맞는 한자 어휘를 써 보십시오.

가. 이번 시험에서는 어려운 ( )이/가 많이 나와서 힘들었다.

나. 기자들은 최근 큰 상을 받은 그 배우에게 가장 많은 ( )을/를 했다.

다. 한국 대통령이 삼 년 만에 미국을 ( )했다.

정답
가. ② 나. ① 다. ③
가. 문제 나. 질문 다. 방문

4. 설(說)

소리	뜻	써 보기				
설	말하다	說	說	說	說	說

설(說)이 들어간 한자 어휘의 의미를 연결해 보십시오.

가. 설명(說明) • • ① 조사를 위해 사람들에게 질문을 하는 것

나. 소설(小說) • • ② 어떤 것에 대해 쉽고 분명하게 말하는 것

나. 설문(設問) • • ③ 실화를 바탕으로 하거나 상상하여 쓴 이야기

다음 문장에 맞는 한자 어휘를 써 보십시오.

가. 인기 있는 (   )을/를 바탕으로 만든 영화들이 많다.

나. 이 문제는 너무 쉬워서 학생들에게 다시 (   )을/를 할 필요가 없다.

다. 대학교 4학년들을 대상으로 졸업 후에 일하고 싶은 직장에 대한 (   ) 조사를 했다.

정답 | **가.** ② **나.** ③ **다.** ①
가. 소설 **나.** 설명 **다.** 설문

9과

5. 명(明)

소리	뜻	써 보기				
명	밝다	明	明	明	明	明

명(明)이 들어간 한자 어휘의 의미를 연결해 보십시오.

가. 문명(文明) • • ① 틀림없이 확실함

나. 명암(明暗) • • ② 밝음과 어두움

다. 분명(分明) • • ③ 인류가 만든 기술적, 물질적, 사회적 발전

다음 문장에 맞는 한자 어휘를 써 보십시오.

가. 눈 위에 난 발자국을 보니 누군가 지나간 것이 ( )하다.

나. 그림을 그릴 때 진짜처럼 보이려면 ( )이/가 중요하다.

다. ( )이/가 발달하면서 사람들의 생활도 많이 변했다.

정답
가. ③ **나.** ② **다.** ①
가. 분명 **나.** 명암 **다.** 문명

6. 작(作)

소리	뜻	써 보기				
작	짓다	作	作	作	作	作

작(作)이 들어간 한자 어휘의 의미를 연결해 보십시오.

가. 작문(作文) • • ① 문학, 사진, 그림 등 예술품을 만드는 사람

나. 작가(作家) • • ② 글을 쓰는 것

다. 시작(始作) • • ③ 어떤 일이나 행동을 처음 하는 것

다음 문장에 맞는 한자 어휘를 써 보십시오.

가. 새로 나온 책 사인회에서 그 책의 (　　　)을/를 직접 만나서 기뻤다.

나. '(　　　)이/가 반이다'라는 말은 어려운 일이라도 일단 (　　　)하면 잘 끝낼 수 있다는 뜻이다.

다. 이번 숙제로 낼 (　　　)의 제목은 '나의 소중한 물건'이다.

정답
가. ② 나. ① 다. ③
가. 작가 나. 시작, 시작 다. 작문

9과

7. 현(現)

소리	뜻	써 보기				
현	나타나다	現	現	現	現	現

현(現)이 들어간 한자 어휘의 의미를 연결해 보십시오.

가. 표현(表現) • • ① 생각이나 느낌을 말이나 몸짓으로 나타냄

나. 현금(現金) • • ② 지금의 시간

다. 현재(現在) • • ③ 지폐나 동전

다음 문장에 맞는 한자 어휘를 써 보십시오.

가. 과거도 중요하고 미래도 중요하지만 (　　　)이/가 제일 중요하다고 생각한다.

나. 마음속으로 생각만 하지 말고 말이나 글로 (　　　)을/를 해야 그 사람이 내 생각을 알 수 있다.

다. 서울에서는 요즘 시내버스를 탈 때 (　　　)은/는 사용할 수 없고 꼭 카드를 사용해야 한다.

정답
가. ①　나. ③　다. ②
가. 현재　나. 표현　다. 현금

漢字 더 배워 보기

1. 학교와 관련된 한자를 배워 봅시다.

유치원	幼稚園	학교에 들어갈 나이가 안 된 어린이들을 위한 교육 시설
초등학교	初等學校	어린이들에게 기본적인 교육을 하는 학교
중학교	中學校	초등학교를 졸업한 후에 가는 학교. 보통 3년이다.
고등학교	高等學校	중학교를 졸업한 사람에게 교육을 하는 학교
대학교	大學校	고등 교육을 하는 교육 기관. 학사 학위를 받는다.
대학원	大學院	대학을 졸업한 사람이 더 전문적으로 학문을 연구하는 곳. 석사, 박사 과정이 있다.

9과

2. 위에서 알맞은 한자 어휘를 찾아 써 보십시오.

가. 나는 대학교를 졸업하고 (   )에서 경제학 석사 과정 중이다.

나. 우리는 (   ) 1학년부터 중학교까지 같은 학교를 다녔다.

다. 내 동생은 지금 (   )에 다니는데 내년에 대학교에 간다.

라. 한국에서 아이들은 초등학교 들어가기 전에 어린이집이나 (   )에 간다.

정답 | **가.** 大學院(대학원) **나.** 初等學校(초등학교) **다.** 高等學校(고등학교) **라.** 幼稚園(유치원)

漢字 더 써 보기

作(작)

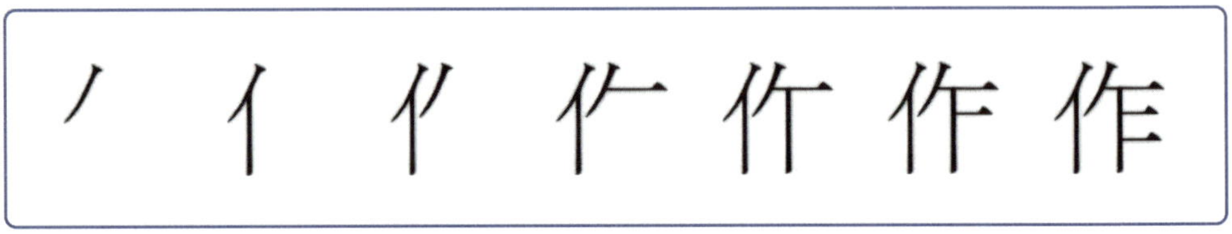

MEMO

10과

病院(병원)에 갔어요

- **한자 알아보기 :** 몸과 관련된 한자

- **오늘의 한자**

  병(病), 원(院), 검(檢), 수(手), 의(醫), 운(運), 동(動)

- **한자 배우기**

  병원(病院), 검사(檢査), 수술(手術), 의사(醫師), 운동(運動)

漢字 알아보기

1. 몸과 관련된 한자를 알아봅시다.

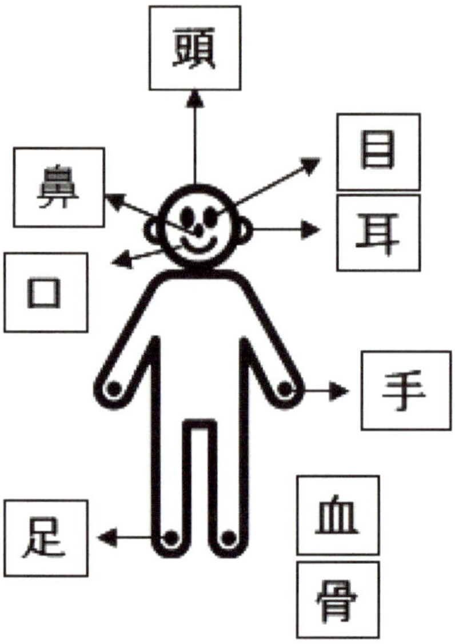

한자	소리	뜻
頭	두	머리
耳	이	귀
目	목	눈
口	구	입
鼻	비	코
手	수	손
足	족	발
血	혈	피
骨	골	뼈

2. 위에서 알맞은 한자 어휘를 찾아 써 보십시오.

가. 수족	( )	손과 발
나. 이목구비	( )	귀, 눈, 입, 코 또는 얼굴
다. 수족구병	( )병	손, 발, 입에 물집이 생기는 질병
라. 고혈압	고( )압	혈관 안으로 피가 지나갈 때 압력이 높은 병

정답 | 가. 手足 나. 耳目口鼻 다. 手足口 라. 血

10과 病院(병원)에 갔어요.

檢査(검사)를 해야 돼요.

우리 가족은 해마다 病院(병원)에 가서 여러 가지 檢査(검사)를 한다. 아플 때 가면 늦으니까 미리 검사를 받아야 한다고 아버지가 말씀하신다.

사실 몇 년 전에 엄마가 갑자기 쓰러지셔서 手術(수술)을 받으셨다. 그때 의사 선생님이 좀 더 일찍 발견했으면 수술하지 않아도 됐을 거라고 하셔서 그때부터 우리 가족은 1년에 한 번 병원에 가서 기본적인 檢査(검사)를 한다.

그리고 우리 가족은 건강을 위해서 고기보다 야채를 많이 먹고, 식사 후에는 산책을 하는 등 매일 간단한 運動(운동)을 한다. 우리 가족은 건강이 제일 중요하다고 생각한다.

오늘의 漢字

病	병
院	원
檢	검
手	수
醫	의
運	운
動	동

漢字 배우기

	어휘	한자	영어
1	병원	病院	hospital
2	검사	檢査	checkup
3	수술	手術	surgery
4	의사	醫師	medical doctor
5	운동	運動	exercise

새 漢字 공부하기

1. 병(病)

소리	뜻	써 보기				
병	병, 질병	病	病	病	病	病

병(病)이 들어간 한자 어휘의 의미를 연결해 보십시오.

가. 병원(病院) • • ① 여러 가지 병

나. 질병(疾病) • • ② 직업 때문에 생기는 병

다. 직업병(職業病) • • ③ 아픈 사람을 진찰하고 치료하는 곳

다음 문장에 맞는 한자 어휘를 써 보십시오.

가. 손을 깨끗하게 씻는 것으로 여러 (　　　)을/를 막을 수 있다.

나. 고속도로에서 일어난 교통사고로 다친 환자들을 근처 (　　　)(으)로 옮겼다.

다. 허리 디스크는 오래 서 있거나 앉아서 일을 하는 사람들에게 나타나는 (　　　) 중의 하나이다.

정답
가. ③ 나. ① 다. ②
가. 질병 나. 병원 다. 직업병

2. 원(院)

소리	뜻	써 보기				
원	집, 기관	院	院	院	院	院

원(院)이 들어간 한자 어휘의 의미를 연결해 보십시오.

가. 입원(入院) • • ① 일정 기간 병원에서 치료를 받다가 나오는 것

나. 퇴원(退院) • • ② 환자가 치료를 받기 위해 일정 기간 병원에 있는 것

다. 학원(學院) • • ③ 무엇인가를 배우기 위해 다니는 학교 밖 기관

다음 문장에 맞는 한자 어휘를 써 보십시오.

가. 학생들은 학교 수업이 끝나고 영어나 수학, 음악, 태권도 등을 배우러 (　　　)에 다닌다.

나. 일주일 동안 계속 심한 기침을 해서 병원에 (　　　)을/를 했다.

다. 김 선생님은 수술하고 3일 만에 병원에서 (　　　)하셨다.

10과

정답
가. ② 나. ① 다. ③
가. 학원 나. 입원 다. 퇴원

3. 검(檢)

소리	뜻	써 보기				
검	검사하다, 조사하다	檢	檢	檢	檢	檢

검(檢)이 들어간 한자 어휘의 의미를 연결해 보십시오.

가. 검사(檢査) •　　　　• ① 일이나 사물, 건강 등의 좋고 나쁨을 조사하는 것

나. 검색(檢索) •　　　　• ② 어떤 의견이나 내용을 자세히 살펴보는 것

다. 검토(檢討) •　　　　• ③ 책이나 인터넷에 있는 자료 중 필요한 것을 찾아내는 것

다음 문장에 맞는 한자 어휘를 써 보십시오.

가. 요즘 갑자기 멀리 있는 글씨가 안 보여서 시력 (　　　)을/를 받았다.

나. 시험지를 제출하기 전에 답이 맞는지 (　　　)하는 것이 중요하다.

다. 인터넷으로 제일 싼 비행기표를 (　　　)한 후에 표를 샀다.

정답
가. ①　나. ③　다. ②
가. 검사　나. 검토　다. 검색

4. 수(手)

소리	뜻	써 보기				
수	손	手	手	手	手	手

수(手)가 들어간 한자 어휘의 의미를 연결해 보십시오.

가. 수술(手術) • • ① 조심하지 않아 잘못하는 일

나. 실수(失手) • • ② 운동 등에서 능력이 좋아 대표로 뽑힌 사람. 또는 운동이 직업인 사람

다. 선수(選手) • • ③ 치료를 위해 의료 기계를 사용하여 아픈 곳을 자르거나 꿰매는 것

다음 문장에 맞는 한자 어휘를 써 보십시오.

가. 발표 때 (   )하지 않으려고 열심히 준비하고 있다.

나. 외모에 대한 관심이 높아져서 성형 (   )을/를 하려는 사람이 많다.

다. 농구 (   )이/가 되려면 키가 커야 한다.

10과

정답
가. ③ 나. ① 다. ②
가. 실수 나. 수술 다. 선수

5. 의(醫)

소리	뜻	써 보기				
의	의원, 의사	醫	醫	醫	醫	醫

의(醫)가 들어간 한자 어휘의 의미를 연결해 보십시오.

가. 의사(醫師) •　　• ① 침이나 한약 등 전통적인 의술로 병을 고치는 의원

나. 의약품(醫藥品) •　　• ② 병을 치료하는 데 필요한 약품

다. 한의원(韓醫院) •　　• ③ 병을 치료하는 것이 직업인 사람

다음 문장에 맞는 한자 어휘를 써 보십시오.

가. 농구를 하다가 발목을 다쳐서 (　　　)에 가서 침을 맞았다.

나. (　　)이/가 되려면 의대에 가서 공부도 열심히 해야 하고 병원에서 경험도 많이 쌓아야 한다.

다. 지진이 일어난 지역에 음식과 깨끗한 물, 그리고 환자를 치료할 수 있는 (　　)을/를 보냈다.

정답
가. ③ **나.** ② **다.** ①
가. 한의원 **나.** 의사 **다.** 의약품

6. 운(運)

소리	뜻	써 보기				
운	운전하다	運	運	運	運	運

운(運)이 들어간 한자 어휘의 의미를 연결해 보십시오.

가. 운동(運動) •　　　• ① 건강을 위해 몸을 움직이는 것

나. 운전(運轉) •　　　• ② 사람의 힘으로는 할 수 없는 운이 다가오는 것

다. 운세(運勢) •　　　• ③ 자동차나 기계를 움직이는 것

다음 문장에 맞는 한자 어휘를 써 보십시오.

가. 좋은 일이 생기기를 바라면서 날마다 인터넷으로 (　　)을/를 확인해 보는 사람들이 있다.

나. 요즘 바빠서 (　　)을/를 못 하니까 소화도 안 되고 건강이 나빠지는 것 같다.

다. 이 길은 좁고 가로등이 없어서 특히 밤에 (　　)할 때 조심해야 한다.

정답
가. ①　나. ③　다. ②
가. 운세　나. 운동　다. 운전

10과

7. 동(動)

소리	뜻	써 보기				
동	움직이다	動	動	動	動	動

동(動)이 들어간 한자 어휘의 의미를 연결해 보십시오.

가. 동영상(動映像) •	• ① 어떤 것을 보거나 듣고 마음이 움직이는 것
나. 감동(感動) •	• ② 사진이 아닌 움직이는 것을 찍은 것
다. 활동(活動) •	• ③ 몸을 써서 움직이거나 어떤 일에 힘을 쓰는 것

다음 문장에 맞는 한자 어휘를 써 보십시오.

가. 동아리 (　　　)을/를 하면 친구도 사귈 수 있고 좋아하는 일도 할 수 있다.

나. 요즘은 사람들이 SNS에 사진뿐만 아니라 (　　　)을/를 찍어서 많이 올린다.

다. 그 영화를 보고 (　　　)을/를 받아서 눈물을 흘렸다.

정답
가. ② **나.** ① **다.** ③
가. 활동 **나.** 동영상 **다.** 감동

漢字 더 배워 보기

☆ 다음은 소리 부분과 뜻 부분을 합해 만든 한자입니다.

	氵(水)	+	羊	=	洋
소리	수		양		양
뜻	물		양		큰 바다

	++(草)	+	化	=	花
소리	초		화		화
뜻	풀		되다		꽃

	門	+	口	=	問
소리	문		구		문
뜻	문		입		묻다

	忄(心)	+	靑	=	情
소리	심		청		정
뜻	마음		푸르다		뜻

漢字 더 써 보기

病(병)

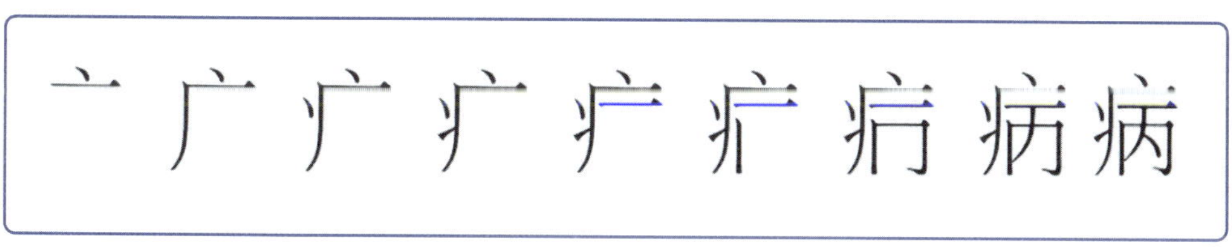

11과

요즘 인기 있는 職業(직업)이 뭐예요?

- **한자 알아보기 :** 직업

- **오늘의 한자**

  직(職), 업(業), 면(面), 회(會), 경(經), 자(資), 격(格)

- **한자 배우기**

  직업(職業), 면접(面接), 회식(會食), 경험(經驗), 자격증(資格證)

漢字 알아보기

1. 직업과 관련된 한자를 알아봅시다.

한자	소리	뜻	직업	
員	원	단체 안에 있는 사람	會社員 회사원	公務員 공무원
者	자	사람	記者 기자	科學者 과학자
家	가	집, 전문가	畫家 화가	作家 작가
人	인	사람	演藝人 연예인	政治人 정치인
手	수	손	歌手 가수	運動選手 운동선수
師	사	선생	醫師 의사	料理師 요리사
士	사	선비	技士 기사	辯護士 변호사
事	사	일	判事 판사	檢事 검사

2. 다음 설명에 맞는 직업을 위에서 찾아 한자 어휘로 써 보십시오.

가. "책 한 권을 쓰기 위해서 보통 삼 년 정도 준비해야 해요."

나. "매일 꾸준히 해야 하는 훈련 때문에 몸이 힘들지만 좋은 성과를 올리기 위해 노력하고 있어요."

다. "제가 만든 음식을 사람들이 좋아할 때 행복해요."

라. "세상에서 일어나는 일을 사람들에게 글로 정확하게 알리는 일을 해요."

마. "몸이 아픈 사람들은 저에게 오세요."

바. "기술을 발전시키고 새로운 것을 알아내요."

사. "저는 사진을 찍는 것보다 그림으로 표현하기를 좋아해요."

아. "국민이 저를 뽑아 주셨으니 나라를 위해 열심히 일하겠습니다."

11과

정답 **가.** 作家(작가) **나.** 運動選手(운동선수) **다.** 料理師(요리사) **라.** 記者(기자)
마. 醫師(의사) **바.** 科學者(과학자) **사.** 畫家(화가) **아.** 政治人(정치인)

11과 요즘 인기 있는 職業(직업)이 뭐예요?

이번 주말에 面接(면접) 시험이 있어

유미: 벤, 이번 방학 때 뭐 해?

벤: 회사에서 인턴십을 하려고 해. 여기저기 신청을 했는데 두 곳에서만 연락이 왔어. 이번 주말에 面接(면접) 시험을 봐야 돼. 인턴십 끝나고 그 회사에서 계속 일했으면 좋겠어. 그 회사가 요즘 인기가 많아.

유미: 나도 작년 여름에 한국에 있는 엔터테인먼트 회사에서 인턴십을 했어. 한국 회사는 미국 회사하고 분위기가 많이 달라서 좀 힘들었어. 그런데 會食(회식)을 자주 해서 아주 좋았어. 올해는 광고 회사에서 일하려고 해.

벤: 나는 방학 때마다 아르바이트도 많이 해서 여러 가지 經驗(경험)이 있으니까 이력서 쓸 때 도움이 됐어. 資格證(자격증)도 있으면 職業(직업)을 구하기가 좀 더 쉬울 거야.

오늘의 漢字

職	직
業	업
面	면
會	회
經	경
資	자
格	격

漢字 배우기

	어휘	한자	영어
1	직업	職業	occupation
2	면접	面接	(job) interview
3	회식	會食	company meal
4	경험	經驗	experience
5	자격증	資格證	license

새 漢字 공부하기

1. 직(職)

소리	뜻	써 보기				
직	일, 직업	職	職	職	職	職

직(職)이 들어간 한자 어휘의 의미를 연결해 보십시오.

가. 직장(職場) • • ① 직업을 찾아 그 일을 하는 것

나. 직원(職員) • • ② 사람들이 직업으로 일을 하는 장소

다. 취직(就職) • • ③ 회사나 가게 등에서 일을 하는 사람

다음 문장에 맞는 한자 어휘를 써 보십시오.

가. 갑자기 회사가 문을 닫아서 많은 사람이 (　　　)을/를 잃었다.

나. 그 회사는 (　　　)이/가 이용할 수 있는 휴게실, 가족들도 이용할 수 있는 체육관과 유치원까지 있어서 들어가고 싶어 하는 사람들이 많다.

다. 대학을 졸업한 후 원하는 회사에 (　　　)하기 위해 열심히 준비하고 있다.

정답 | 가. ② | 나. ③ | 다. ①
가. 직장 | 나. 직원 | 다. 취직

11과

2. 업(業)

소리	뜻	써 보기				
업	일, 직업	業	業	業	業	業

업(業)이 들어간 한자 어휘의 의미를 연결해 보십시오.

가. 업무(業務) • • ① 직장에서 맡아서 하는 일

나. 수업(授業) • • ② 직원의 수와 규모가 큰 회사

다. 대기업(大企業) • • ③ 교실에서 선생님이 학생에게 가르치는 것

다음 문장에 맞는 한자 어휘를 써 보십시오.

가. 한국어를 공부하려는 학생이 많아져서 한국어 (　　　)도 더 늘어났다.

나. 이 부서는 시장 조사와 마케팅 (　　　)을/를 담당하고 있다.

다. 요즘은 (　　　) 못지않게 근무 환경이 좋은 중소기업도 많다.

정답
가. ① **나.** ③ **다.** ②
가. 수업 **나.** 업무 **다.** 대기업

3. 면(面)

소리	뜻	써 보기				
면	얼굴	面	面	面	面	面

면(面)이 들어간 한자 어휘의 의미를 연결해 보십시오.

가. 면접(面接) • • ① 컴퓨터나 텔레비전에 그림이나 영상이 나타나는 부분

나. 대면(對面) • • ② 서로의 얼굴을 직접 보는 것

다. 화면(畫面) • • ③ 취직이나 입학을 위해 직접 만나 보고 평가받는 시험

다음 문장에 맞는 한자 어휘를 써 보십시오.

가. 그 영화배우를 실제로 보니 (   )에서 보는 것보다 멋있었다.

나. 온라인 수업보다 교실에서 직접 얼굴을 보고 하는 (   ) 수업이 효과가 더 좋은 편이다.

다. 취직을 하려면 필기시험을 본 후 (   ) 시험을 보게 된다.

정답
가. ③ 나. ② 다. ①
가. 화면 나. 대면 다. 면접

11과

4. 회(會)

소리	뜻	써 보기				
회	모이다	會	會	會	會	會

◆ 회(會)가 들어간 한자 어휘의 의미를 연결해 보십시오.

가. 회식(會食) •	• ① 여러 명이 모여 의논하고 의견을 교환하는 것
나. 회의(會議) •	• ② 여러 사람이 모여서 함께 식사하는 것
다. 사회(社會) •	• ③ 사람들이 살아가는 여러 집단

◆ 다음 문장에 맞는 한자 어휘를 써 보십시오.

가. 그 식당은 자리도 넓고 음식도 맛있어서 그 근처 회사 사람들의 (　　) 장소로 인기가 많다.

나. 동생은 대학교 4학년 때 취직이 돼서 바로 (　　)생활을 시작하게 되었다.

다. 오늘 하는 마케팅 부서의 (　　) 주제는 이번 크리스마스 행사이다.

정답
가. ② **나.** ① **다.** ③
가. 회식 **나.** 사회 **다.** 회의

5. 경(經)

소리	뜻	써 보기				
경	지나다	經	經	經	經	經

경(經)이 들어간 한자 어휘의 의미를 연결해 보십시오.

가. 경험(經驗) • • ① 지금까지 가졌던 직업과 관련된 여러 가지 활동

나. 경력(經歷) • • ② 인간이 살기 위해 필요한 것들을 만들고 팔고 사는 등의 활동

다. 경제(經濟) • • ③ 자신이 과거에 직접 겪은 일

다음 문장에 맞는 한자 어휘를 써 보십시오.

가. 우리 회사는 이번에 신입 사원과 (　　　) 사원 모두 뽑는다.

나. 나는 뉴스를 볼 때 정치보다 (　　　) 관련 뉴스에 관심이 많다.

다 마라톤 대회에 참가한 것이 힘들기는 했지만 내 인생에서 좋은 (　　　)이/가 되었다.

정답
가. ③ 나. ① 다. ②
가. 경력 나. 경제 다. 경험

11과

6. 자(資)

소리	뜻	써 보기				
자	재물	資	資	資	資	資

자(資)가 들어간 한자 어휘의 의미를 연결해 보십시오.

가. 자격증(資格證) • • ① 어떤 자격을 인정해 주는 증명서

나. 자료(資料) • • ② 이익을 위하여 들이는 돈, 시간, 노력

다. 투자(投資) • • ③ 무엇을 만드는 데 필요한 물품이나 내용

다음 문장에 맞는 한자 어휘를 써 보십시오.

가. 논문을 쓰려면 많은 책과 인터넷을 통해 ( ) 수집을 해야 한다.

나. 요즘은 젊은 사람들이 주식이나 가상 화폐, 부동산에 ( )을/를 한다.

다. 언니는 요리하는 것을 좋아해서 한식, 일식 요리사 ( )을/를 가지고 있다.

정답 | 가. ① 나. ③ 다. ②
가. 자료 나. 투자 다. 자격증

7. 격(格)

소리	뜻	써 보기				
격	격식	格	格	格	格	格

격(格)이 들어간 한자 어휘의 의미를 연결해 보십시오.

가. 격식(格式) • • ① 시험이나 심사를 통과함

나. 성격(性格) • • ② 사람이 가지고 있는 성질이나 품성

다. 합격(合格) • • ③ 분위기나 상황에 맞는 일정한 방식

다음 문장에 맞는 한자 어휘를 써 보십시오.

가. 그 사람은 친절하고 (　　　)이/가 좋아서 회사에서 인기가 많다.

나. 이번 오디션에서 꼭 (　　　)했으면 좋겠다.

다. 오늘 모임은 중요한 자리여서 청바지를 입으면 안 되고 (　　　)을/를 갖춘 정장을 입어야 한다.

정답
가. ③ 나. ② 다. ①
가. 성격 나. 합격 다. 격식

11과

漢字 더 배워 보기

1. 전공과 관련된 단어들을 배워 봅시다.

經濟學	法學	醫學	文學	言語學	歷史學
경제학	법학	의학	문학	언어학	역사학
社會學	工學	數學	化學	生物學	政治學
사회학	공학	수학	화학	생물학	정치학

2. 다음 문장 안에 알맞은 한자 어휘를 써 보십시오.

가. 형은 한국 역사에 관심이 많아서 (　　)을/를 공부하고 있다.

나. 나는 대학교에서 컴퓨터 (　　)을/를 전공하고 싶다.

다. (　　) 시간에 시, 소설, 수필 등 다양한 것을 배운다.

라. (　　)을/를 전공한 친구들이 판사, 검사, 변호사로 활동하고 있다.

마. 뉴스에 우리 학교 (　　)과 교수님의 물가 상승 관련 인터뷰가 나왔다.

바. (　　)은/는 동물과 식물 등 살아있는 것들에 관해 공부한다.

3. 여러분의 전공을 찾아 한자로 써 보십시오.

정답 **가.** 歷史學(역사학) **나.** 工學(공학) **다.** 文學(문학) **라.** 法學(법학)
마. 經濟學(경제학) **바.** 生物學(생물학)

漢字 더 써 보기

面(면)

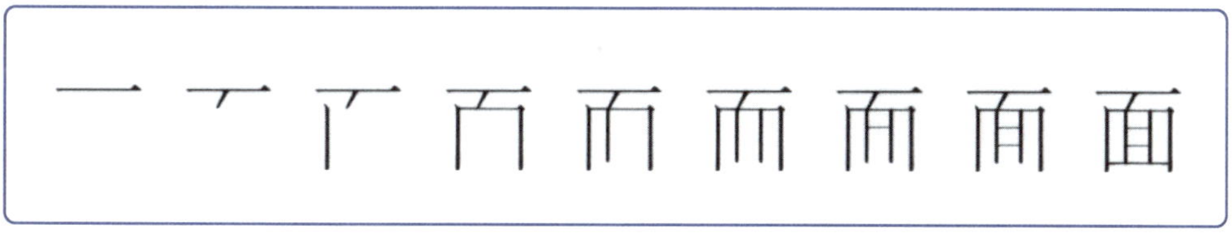

11과

12과

K-POP 公演(공연)을 보고 왔어요

- **한자 알아보기 :** 취미

- **오늘의 한자**
  연(演), 가(歌), 음(音), 해(海), 외(外), 세(世), 계(界)

- **한자 배우기**
  공연(公演), 가수(歌手), 음악(音樂), 해외(海外), 세계(世界)

漢字 알아보기

☆ 취미로 할 수 있는 운동을 알아봅시다.

운동		한자	소리	뜻
	농구	籠	농	바구니, 대그릇
		球	구	공
	축구	蹴	축	발로 차다
		球	구	공
	야구	野	야	들판
		球	구	공
	배구	排	배	밀치다, 손으로 밀어내다
		球	구	공
	탁구	卓	탁	높다, 책상, 탁자
		球	구	공
	수영	水	수	물
		泳	영	헤엄치다, 수영하다
	태권도	跆	태	발로 밟다
		拳	권	주먹, 주먹 쥐다
		道	도	길, 방법
	승마	乘	승	타다
		馬	마	말

12과 K-POP 公演(공연)을 보고 왔어요.

드라마에 제가 좋아하는 歌手(가수)가 나와요.

저는 K-POP을 아주 좋아해요. 중학교 때 한국 歌手(가수)의 公演(공연)을 처음 보고 아이돌 팬이 됐어요. 고등학교 때는 K-POP 댄스 동아리에도 들어갔어요. 아직도 한국 노래를 자주 들어요. 요즘 새로 생긴 제 취미는 한국 드라마 보기예요. 제 친구들도 한국 드라마를 좋아해요. 드라마에 제가 좋아하는 가수들도 나와서 재미있어요. 한국 音樂(음악), 춤, 음식, 화장품 등 한국과 관련된 것들이 海外(해외)에 많이 알려졌어요. 그래서 世界(세계) 여러 나라 사람이 한국으로 여행을 가고 싶어 해요. 저도 꼭 서울에 있는 한강에 가서 라면을 먹어 보고 싶어요.

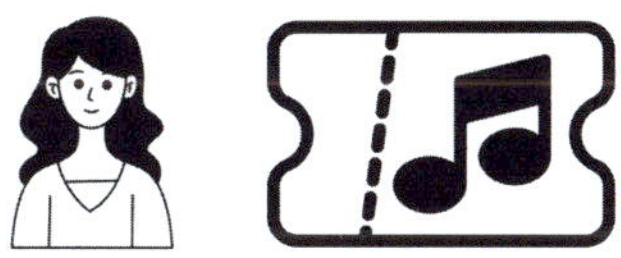

오늘의 漢字

演	연
歌	가
音	음
海	해
外	외
世	세
界	계

漢字 배우기

	어휘	한자	영어
1	공연	公演	performance
2	가수	歌手	singer
3	음악	音樂	music
4	해외	海外	overseas
5	세계	世界	world

새 漢字 공부하기

1. 연(演)

소리	뜻	써 보기				
연	펴다, 연기하다	演	演	演	演	演

연(演)이 들어간 한자 어휘의 의미를 연결해 보십시오.

가. 공연(公演) •　　• ① 배우가 무대에서 말과 동작으로 어떤 이야기를 관객에게 보여 주는 것

나. 연주(演奏) •　　• ② 노래, 무용, 연극, 음악 등을 여러 사람 앞에서 보여 주는 것

다. 연극(演劇) •　　• ③ 악기로 음악을 들려주는 것

다음 문장에 맞는 한자 어휘를 써 보십시오.

가. 지난 주말에 음악회에 다녀왔는데 바이올린 (　　　)이/가 인상적이었다.

나. 내 룸메이트가 동아리에서 하는 (　　　)에서 남자 주인공 역을 맡았다.

다. 공원에서 하기로 한 가수의 야외 (　　　)이/가 비가 와서 취소되었다.

정답
가. ②　나. ③　다. ①
가. 연주　나. 연극　다. 공연

2. 가(歌)

소리	뜻	써 보기				
가	노래	歌	歌	歌	歌	歌

가(歌)가 들어간 한자 어휘의 의미를 연결해 보십시오.

가. 가수(歌手) • • ① 노래로 만들기 위해 쓴 글

나. 가사(歌詞) • • ② 많은 사람이 즐겨 부르는 노래

다. 가요(歌謠) • • ③ 노래하는 것이 직업인 사람

다음 문장에 맞는 한자 어휘를 써 보십시오.

가. 요즘은 한국 (　　　)을/를 K-POP이라고 한다.

나. 내 친구는 (　　　)이/가 되기 위해 계속 오디션을 보러 다닌다.

다. 그 노래는 멜로디도 좋지만 (　　　)이/가 너무 좋아서 자꾸 부르게 된다.

12과

정답
가. ③ 나. ① 다. ②
가. 가요 나. 가수 다. 가사

3. 음(音)

소리	뜻	써 보기				
음	소리	音	音	音	音	音

음(音)이 들어간 한자 어휘의 의미를 연결해 보십시오.

가. 음악(音樂) • • ① 목소리나 악기로 연주하는 예술

나. 발음(發音) • • ② 시끄러워서 불쾌하게 만드는 소리

다. 소음(騷音) • • ③ 이, 혀 등을 이용해서 소리를 내는 것

다음 문장에 맞는 한자 어휘를 써 보십시오.

가. 나는 한국어를 배울 때 'ㄲ', 'ㄸ', 'ㅃ' 같은 된소리 (　　)이/가 제일 어려웠다.

나. 운동할 때 신나는 (　　)을/를 들으면 힘들지 않다.

다. 집이 고속도로 근처에 있어서 항상 (　　)이/가 심하다.

정답
가. ① **나.** ③ **다.** ②
가. 발음 **나.** 음악 **다.** 소음

4. 해(海)

소리	뜻	써 보기				
해	바다	海	海	海	海	海

해(海)가 들어간 한자 어휘의 의미를 연결해 보십시오.

가. 해산물(海産物) •   • ① 바다 근처나 바닷물과 땅이 만나는 곳

나. 해변(海邊) •   • ② 유럽, 아프리카, 아시아 대륙에 둘러싸인 바다

다. 지중해(地中海) •   • ③ 생선이나 미역 등 바다에서 나오는 음식 재료

다음 문장에 맞는 한자 어휘를 써 보십시오.

가. 그리스, 이탈리아, 이집트는 (   ) 주변에 있는 나라들이다.

나. 부산에는 바다를 보면서 (   )을/를 달리는 열차가 있다.

다. 나는 새우, 게 등이 들어간 (   ) 요리를 좋아한다.

12과

정답
가. ③ 나. ① 다. ②
가. 지중해 나. 해변 다. 해산물

5. 외(外)

소리	뜻	써 보기				
외	바깥, 밖	外	外	外	外	外

외(外)가 들어간 한자 어휘의 의미를 연결해 보십시오.

가. 해외(海外) • • ① 바다 밖, 다른 나라

나. 외국어(外國語) • • ② 다른 나라에서 쓰는 말

다. 외모(外貌) • • ③ 키, 얼굴 등 겉으로 보이는 모습

다음 문장에 맞는 한자 어휘를 써 보십시오.

가. 동생과 나는 쌍둥이인데 (　　　)은/는 비슷하지만 성격은 정반대이다.

나. 연휴가 되면 (　　　) 여행을 가는 사람들이 많아서 공항이 복잡하다.

다. (　　　)을/를 배우면 자연스럽게 그 나라의 문화도 공부할 수 있다.

정답
가. ① **나.** ② **다.** ③
가. 외모 **나.** 해외 **다.** 외국어

6. 세(世)

소리	뜻	써 보기				
세	세상	世	世	世	世	世

세(世)가 들어간 한자 어휘의 의미를 연결해 보십시오.

가. 세계(世界) •	• ① 100년을 단위로 하는 기간
나. 세기(世紀) •	• ② 지구에 있는 모든 나라
다. 세대(世代) •	• ③ 같은 시대에 살고 있는 비슷한 나이의 사람

다음 문장에 맞는 한자 어휘를 써 보십시오.

가. 아시아뿐만 아니라 (   ) 곳곳에서 한국 문화의 인기가 높아지고 있다.

나. 2001년 1월 1일부터 2100년 12월 31일까지를 21(   )(이)라고 한다.

다. 요즘 젊은 (   )은/는 SNS를 통해 정보를 얻고 사람을 사귄다.

정답
가. ② 나. ① 다. ③
가. 세계 나. 세기 다. 세대

7. 계(界)

소리	뜻	써 보기				
계	경계, 범위	界	界	界	界	界

계(界)가 들어간 한자 어휘의 의미를 연결해 보십시오.

가. 연예계(演藝界) •　　• ① 교수, 학자들이 활동하는 분야

나. 학계(學界) •　　• ② 힘이나 능력이 미치는 범위나 경계

다. 한계(限界) •　　• ③ 가수나 배우 등의 연예인들이 활동하는 분야

다음 문장에 맞는 한자 어휘를 써 보십시오.

가. 스포츠 선수들이 은퇴 후 드라마나 예능 프로그램에 나오는 등 (　　　)에서 활동하는 경우가 많다.

나. 그 교수는 최근에 발표한 논문으로 (　　　)의 관심을 받고 있다.

다. 수영, 사이클, 달리기를 쉬지 않고 정해진 시간 안에 모두 해야 하는 철인삼종경기는 인간의 (　　　)에 도전한다.

정답
가. ③　나. ①　다. ②
가. 연예계　나. 학계　다. 한계

漢字 더 배워 보기

1. 음악, 미술에 관련된 한자를 배워 봅시다.

음악회	音樂會	노래를 부르거나 음악을 연주하여 감상하게 하는 모임
전시회	展示會	특정한 물건이나 예술품을 놓아 사람들에게 보여 주는 모임
연주회	演奏會	악기 연주를 하는 음악회

2. 연극, 영화에 관련된 한자를 배워 봅시다.

배우	俳優	연극이나 영화에서 연기를 하는 사람
무대	舞臺	노래, 춤, 연극을 보여 주기 위해 만들어 놓은 곳
연출	演出	연극, 드라마에서 배우의 연기, 음악, 조명 등을 지도하여 작품을 완성하는 일 또는 사람
조명	照明	연기하는 장소에 빛을 비추는 것
감독	監督	영화, 운동 경기 등에서 전체적으로 지휘하고 실질적으로 책임을 맡은 사람

3. 위에서 알맞은 한자 어휘를 찾아 써 보십시오.

가. 이번 주말에 학교 강당에서 가을 단풍 사진 (   )을/를 한다.

나. 그 (   )이/가 만든 영화가 이번 부산 국제 영화제에서 많은 상을 받았다.

다. 요즘은 영화나 드라마에서 나온 음악들을 모아서 공연하는 (   )이/가 인기가 많다.

라. 다음 달에 첼로 (   )이/가 있어서 매일 연습해야 한다.

마. 브로드웨이 뮤지컬은 의상뿐만 아니라 (   ) 장치도 화려해서 인기가 있다.

漢字 더 써 보기

音(음)

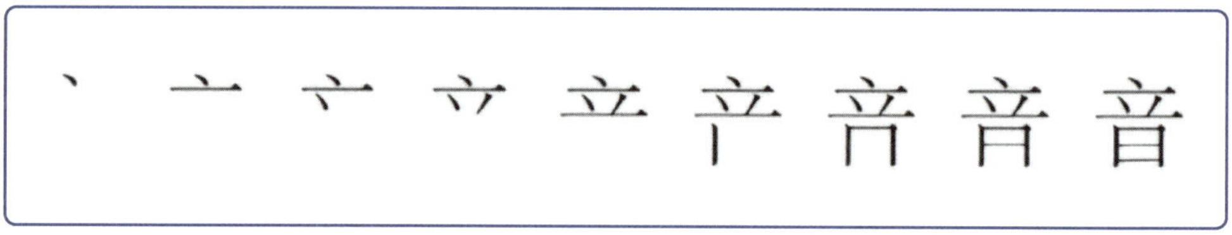

정답 가. 展示會(전시회) 나. 監督(감독) 다. 音樂會(음악회) 라. 演奏會(연주회) 마. 舞臺(무대)

MEMO

13과

드디어 放學(방학)이에요

- **한자 알아보기 :** 가족

- **오늘의 한자**
  방(放), 국(國), 선(線), 계(計), 출(出), 발(發), 개(開)

- **한자 배우기**
  방학(放學), 국제선(國際線), 계획(計劃), 출발(出發), 개학(開學)

漢字 알아보기

1. 가족과 관계된 한자를 알아봅시다.

한자	소리	뜻	쓰기		
祖	조	할아버지, 조상	祖	祖	祖
孫	손	자녀의 자녀	孫	孫	孫
父	부	아버지	父	父	父
母	모	어머니	母	母	母
兄	형	형	兄	兄	兄
弟	제	동생	弟	弟	弟
姉	자	언니, 누이	姉	姉	姉
妹	매	여동생	妹	妹	妹
子	자	아들	子	子	子
女	녀/여	여자, 딸	女	女	女
男	남	남자	男	男	男

2. 위의 표에서 한 단어씩 골라 의미에 맞는 가족관계를 만들어 보십시오.

	의미	가족관계	
가.	어머니와 아들	母	
나.	자녀의 딸		女
다.	자녀의 아들	孫	
라.	형과 동생		弟
마.	할머니	祖	
바.	아버지와 어머니		母
사.	언니와 여동생	姉	
아.	남자와 여자 형제		妹

정답 | 가. 子 나. 孫 다. 子 라. 兄 마. 母 바. 父 사. 妹 아. 男

13과 드디어 放學(방학)이에요.

國際線(국제선)이어서 8시까지 가야 돼요.

스티브: 제니 씨, 시험 다 끝났지요?
제니: 네. 드디어 放學(방학)이에요. 저는 빨리 집에 가서 가족들을 만나고 싶어요. 스티브 씨는 언제 집에 가요?
스티브: 저는 인턴십이 있어서 집에 못 가요.
제니: 저는 오늘 밤 비행기로 가요. 한국에 가서 아르바이트로 영어를 가르칠 計劃(계획)이에요.
스티브: 오늘 밤에 공항까지 가려면 바쁘겠어요. 몇 시 出發(출발)이에요?
제니: 밤 10시 비행기인데 國際線(국제선)이어서 8시까지는 공항에 가야 돼요.
스티브: 그럼, 放學(방학) 잘 보내고 開學(개학) 후에 만나요.
제니: 네. 스티브 씨도 인턴십 잘 하세요.

오늘의 漢字

放	방
國	국
線	선
計	계
出	출
發	발
開	개

漢字 배우기

	어휘	한자	영어
1	방학	放學	vacation
2	국제선	國際線	international flight
3	계획	計劃	plan
4	출발	出發	departure
5	개학	開學	beginning of semester

새 漢字 공부하기

1. 방(放)

소리	뜻	써 보기				
방	놓다	放	放	放	放	放

방(方)이 들어간 한자 어휘의 의미를 연결해 보십시오.

가. 방학(放學) •　　• ① 학기가 끝난 후에 일정 기간 쉬는 것

나. 방송(放送) •　　• ② 긴장이 풀어져서 걱정하지 않고 마음을 편히 가짐

다. 방심(放心) •　　• ③ 라디오나 텔레비전 등을 통해 많은 사람에게 프로그램을 내보내는 것

다음 문장에 맞는 한자 어휘를 써 보십시오.

가. 늘 잘하는 일이라도 긴장하지 않고 (　　)하면 실수할 수 있다.

나. 학기 중에 바빠서 하지 못했던 운동을 (　　) 동안 하려고 한다.

다. 요즘은 연예인들이 집에서 다양한 요리를 하는 것이 (　　)에 많이 나와서 사람들이 그 요리법을 따라 하기도 한다.

정답
가. ① 나. ③ 다. ②
가. 방심 나. 방학 다. 방송

2. 국(國)

소리	뜻	써 보기				
국	나라	國	國	國	國	國

◆ 국(國)이 들어간 한자 어휘의 의미를 연결해 보십시오.

가. 국제선(國際線) • 　　• ① 한 국가의 국민이 되는 자격이나 신분

나. 입국(入國) • 　　• ② 한 나라에 들어가는 것

다. 국적(國籍) • 　　• ③ 국가 간에 이용하는 통신이나 비행기, 배, 기차 등이 통행하는 길

◆ 다음 문장에 맞는 한자 어휘를 써 보십시오.

가. 외국인이 다른 나라에 (　　　)하려면 비자가 필요한 경우가 있다.

나. 외국에 가려고 (　　　)을/를 이용하는 사람들은 보통 2~3시간 전에 공항에 가는 것이 좋다.

다. 한국은 아이가 태어날 때 부모 중 한 명이 한국 사람이면 자동으로 한국 (　　　)을/를 가진다.

13과

정답 가. ③ 나. ② 다. ①
가. 입국 나. 국제선 다. 국적

3. 선(線)

소리	뜻	써 보기				
선	줄	線	線	線	線	線

선(線)이 들어간 한자 어휘의 의미를 연결해 보십시오.

가. 차선(車線) •	• ① 버스, 지하철, 비행기 등이 정기적으로 오고 가는 길
나. 노선(路線) •	• ② 차가 다니는 방향을 따라 도로에 그려 놓은 선
다. 무선(無線) •	• ③ 전선을 쓰지 않고 통신이나 방송을 하는 것

다음 문장에 맞는 한자 어휘를 써 보십시오.

가. 운전을 하다가 (　　　)을/를 바꿀 때에는 방향 지시등을 켜서 다른 운전자에게 알린다.

나. 요즘에는 비행기 안에서도 (　　　) 인터넷을 편리하게 이용할 수 있다.

다. 서울은 지하철이 9호선까지 있어서 지하철 (　　　)을/를 찾기가 어렵다.

정답
가. ② **나.** ① **다.** ③
가. 차선 **나.** 무선 **다.** 노선

4. 계(計)

소리	뜻	써 보기				
계	계산하다	計	計	計	計	計

◆ 계(計)가 들어간 한자 어휘의 의미를 연결해 보십시오.

가. 계획(計劃) • 　　　• ① 시간을 보여주는 기계

나. 계산(計算) • 　　　• ② 숫자를 세는 것 또는 값을 논으로 내는 것

다. 시계(時計) • 　　　• ③ 앞으로 할 일을 미리 성하는 것

◆ 다음 문장에 맞는 한자 어휘를 써 보십시오.

가. 교실에 있는 (　　　)이/가 고장나서 시간을 확인하려면 휴대폰을 봐야 한다.

나. 방학을 잘 보내기 위해 (　　　)을/를 세웠다.

다. 요즘은 현금이나 카드 대신 휴대폰으로 (　　　)하는 사람들도 많다.

13과

정답
가. ③　나. ②　다. ①
가. 시계　나. 계획　다. 계산

5. 출(出)

소리	뜻	써 보기				
출	나가다	出	出	出	出	出

출(出)이 들어간 한자 어휘의 의미를 연결해 보십시오.

가. 출국(出國) •		• ① 어떤 자리나 모임에 참석하는 것
나. 출석(出席) •		• ② 국내의 물건을 다른 나라에 파는 것
다. 수출(輸出) •		• ③ 한 나라를 떠나 다른 나라로 가는 것

다음 문장에 맞는 한자 어휘를 써 보십시오.

가. 선생님은 수업을 시작할 때 학생들의 이름을 부르면서 (　　　)을/를 확인하신다.

나. 지난 해에 해외로 자동차 (　　　)을/를 많이 해서 국가 경제가 성장하였다.

다. 나는 공항에서 (　　　)하기 전에 가족들 선물을 사기 위해 면세점에 갔다.

정답
가. ③ 　나. ① 　다. ②
가. 출석 　나. 수출 　다. 출국

6. 발(發)

소리	뜻	써 보기				
발	쏘다, 나타내다	發	發	發	發	發

발(發)이 들어간 한자 어휘의 의미를 연결해 보십시오.

가. 발표(發表) •   • ① 지금까지 없던 것을 새로 만드는 것

나. 발명(發明) •   • ② 어떤 사실이나 작품을 사람들에게 알리는 것

다. 개발(開發) •   • ③ 산업, 경제, 기술 등을 발전시키는 것

다음 문장에 맞는 한자 어휘를 써 보십시오.

가. 우리 회사는 AI를 활용한 신제품을 (　　　)중이다.

나. 해마다 새로운 아이디어로 물건을 (　　　)하는 청소년들을 뽑아 상을 주는 대회에서 내 동생이 1등을 했다.

다. 오디션을 본 다음에 합격자를 (　　　)할 때까지 너무 긴장했다.

정답
가. ② 나. ① 다. ③
가. 개발 나. 발명 다. 발표

7. 개(開)

소리	뜻	써 보기				
개	열다	開	開	開	開	開

개(開)가 들어간 한자 어휘의 의미를 연결해 보십시오.

가. 개업(開業) •　　　• ① 영업이나 사업을 처음 시작함

나. 개방(開放) •　　　• ② 어떤 사실이나 물건을 여러 사람이 보거나 알 수 있게 하는 것

다. 공개(公開) •　　　• ③ 자유롭게 다닐 수 있도록 공간 등을 열어 놓는 것

다음 문장에 맞는 한자 어휘를 써 보십시오.

가. 라디오로만 듣던 방송을 사람들에게 보여 주는 (　　　) 방송이 생겨 인기가 있다.

나. 이 건물은 로비가 아주 멋있는데 주중에만 (　　　)해서 주말에는 들어갈 수가 없다.

다. 친구 부모님이 대학교 근처에 새로 식당을 (　　　)하셔서 선물로 화분을 가지고 갔다.

정답
가. ①　**나.** ③　**다.** ②
가. 공개　**나.** 개방　**다.** 개업

漢字 더 배워 보기

☆ 반대의 의미를 만드는 한자를 배워 봅시다.

- '불(不)'이 들어간 한자 어휘

  * 자음 'ㄷ', 'ㅈ' 앞에서는 '불'이 아닌 '부'로 읽는다.

規則	규칙	不規則	불규칙	나는 일어나는 시간이 불규칙하다.
合格	합격	不合格	불합격	동생은 오디션에서 불합격했다.
動産	동산	不動産	부동산	친구는 부동산에 투자해서 돈을 벌었다.
注意	주의	不注意	부주의	부주의로 그릇을 깨뜨려서 혼났다.

- '비(非)'가 들어간 한자 어휘

公開	공개	非公開	비공개	그 회의는 비공개로 진행되었다.
正常	정상	非正常	비정상	겨울에 이렇게 따뜻한 것은 비정상이다.

- '무(無)'가 들어간 한자 어휘

關心	관심	無關心	무관심	현대인들은 이웃에 무관심하다.
表情	표정	無表情	무표정	그 사람은 항상 무표정하다.

漢字 더 써 보기

放(방)

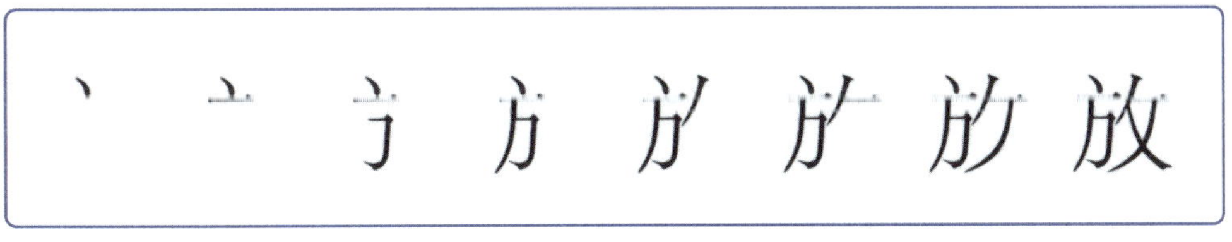

종합문제 2

점수 ______ /100

01 다음 한자의 의미와 소리를 연결해 보십시오. (20X2=40점)

가. 觀 •	• A. 얼굴 •	• a. 명
나. 家 •	• B. 손 •	• b. 개
다. 明 •	• C. 보다 •	• c. 동
라. 動 •	• D. 묻다 •	• d. 가
마. 面 •	• E. 밝다 •	• e. 관
바. 海 •	• F. 바다 •	• f. 음
사. 開 •	• G. 움직이다 •	• g. 면
아. 問 •	• H. 집 •	• h. 문
자. 手 •	• I. 소리 •	• I. 수
차. 音 •	• J. 열다 •	• j. 해

02 다음 한자 어휘의 소리를 써 보십시오. (6X2=12점)

가.

住	所
	소

나.

表	現
표	

다.

計	劃
	획

라.

職	業
직	

마.

經	濟
	제

바.

出	發
출	

03 다음 문장 안에 있는 한자 어휘를 한글로 써 보십시오. (8X3=24점)

가. 이번 **放學**(   )에 스페인으로 **旅行**(   )을 갈 생각이다.

나. 백화점에서 **家電製品**(   )을 **割引**(   )해서 냉장고를 보러 갔다.

다. 그 영화를 보고 너무 **感動**(   )을 받아서 눈물이 났다.

라. **醫師**(   ) 선생님께서 내일 퇴원해도 된다고 하셨다.

마. **會議**(   ) 중에 컴퓨터 **畫面**(   )이 꺼져서 당황했다.

04 다음 빈칸에 공통으로 들어갈 한자는 무엇입니까? (3X2=6점)

1) (   ) | 連(   ) (   )暇 (   )日 |

가. 休   나. 運   다. 資   라. 院

2) (   ) | (   )家 始(   ) (   )文 |

가. 線   나. 演   다. 作   라. 界

3) (   ) | (   )驗 入(   ) (   )合 |

가. 試   나. 檢   다. 準   라. 主

종합문제 2

05 다음 중 '씻다'의 뜻을 가진 **'洗'**가 들어가지 않은 단어는 무엇입니까? (2점) (　　　)

가. 세제　　　나. 세차　　　다. 세탁　　　라. 세계

06 다음 중 '밝다'의 뜻을 가진 **'明'**이 들어가지 않은 단어는 무엇입니까? (2점) (　　　)

가. 문명　　　나. 유명　　　다. 명암　　　라. 분명

07 다음 중 '노래'의 뜻을 가진 **'歌'**가 들어간 단어는 무엇입니까? (2점) (　　　)

가. 가전　　　나. 가정　　　다. 가수　　　라. 물가

08 다음 중 '재물'의 뜻을 가진 **'資'**가 들어간 단어는 무엇입니까? (2점) (　　　)

가. 자연　　　나. 자료　　　다. 자유　　　라. 자신감

※ 다음 글을 읽고 질문에 답하십시오.(각 2.5점)

유미: 제니 씨, 어디 갔다 오세요?
제니: 내일 面接 시험이 있어서 준비하려고 도서관에 갔다 와요.
유미: 아, 그래요? 무슨 회사예요?
제니: 광고 회사예요. 그런데 요즘 그 회사에 (ㄱ) (　　　)하기가 너무 어려워서 걱정이에요.
유미: 제니 씨는 열심히 준비했잖아요. (ㄴ) 資格證도 있고 經驗도 많으니까 합격할 거예요.
제니: 고마워요, 유미 씨. 시간 되면 주말에 같이 公演 보러 갈까요?
유미: 네. 좋아요.

09 내일 무슨 시험이 있습니까? (　　　)

가. 필기　　나. 중간　　다. 면접　　라. 읽기

10 밑줄 친 (ㄱ)에 들어갈 수 있는 한자어를 고르십시오. (　　)

가. 就職　　나. 海外　　다. 質問　　라. 世界

11 밑줄 친 (ㄴ)을 알맞게 읽은 것을 고르십시오.(　　　)

가. 공휴일　　나. 국제선　　다. 대기업　　라. 자격증

12 유미와 제니는 주말에 무엇을 보러 갑니까? (　　　)

가. 영화　　나. 공연　　다. 연극　　라. 연주

종합문제 2 정답

01 가-C-e 나-H-d 다-E-a 라-G-c 마-A-g
바-F-j 사-J-b 아-D-h 자-B-i 차-I-f

02 가. 주 나. 현 다. 계 라. 업 마. 경 바. 발

03 가. 방학, 여행 나. 가전제품, 할인 다. 감동
라. 의사 마. 회의, 화면

04 1) 가. 休 2) 다. 作 3) 가. 試

05 라. 세계

06 나. 유명

07 다. 가수

08 나. 자료

09 다. 면접

10 가. 就職(취직)

11 라. 자격증

12 나. 공연

MEMO

찾아보기

한국어	영어	중국어	베트남어
가격	price	价格	giá
가사	housework	家务	việc nhà
가사	lyrics	歌词	lời bài hát
가수	singer	歌手	ca sĩ
가습기	humidifier	加湿器	máy phun sương
가요	song	流行歌曲	bài hát
가전	household appliances	家电	đồ gia dụng
가정	family	家庭	gia đình
가치관	values	价值观	giá trị quan
감독	director	导演	đạo diễn
감동	be moved	感动	cảm động
감상하다	appreciate	欣赏	thưởng thức
강	river	江	sông
강당	auditorium	礼堂	khán phòng
강력	powerful	强大	sức mạnh
강요	pressure	强迫	ép buộc
강우량	rainfall	降雨量	lượng mưa
강조	emphasis	强调	nhấn mạnh
강풍	strong wind	强风	gió mạnh
개발	development	开发	phát triển
개방	open	开放	mở cửa
개업	start business	开业	khởi nghiệp
개학	beginning of semester	开学	khai giảng
강약	strength and weakness	强弱	điểm mạnh yếu
건조기	dryer	烘干机	máy sấy
검사	examination	检查	kiểm tra
검사	prosecutor	检察官	công tố viên
검색	search	搜索	tìm kiếm
검토	review	研讨	xem xét
격식	formality	礼节	hình thức
견주	dog owner	狗主人	chủ chó
결말	ending	结尾	kết thúc
결정하다	decide	决定	quyết định
경력	work experience	经历	kinh nghiệm làm việc

한국어	영어	중국어	베트남어
경제	economy	经济	kinh tế
경제학	economics	经济学	kinh tế học
경치	scenery	景色	phong cảnh
경험	experience	经验	kinh nghiệm
계란	egg	鸡蛋	trứng
계산	calculation	计算	thanh toán
계약	contract	契约	hợp đồng
계획	plan	计划	kế hoạch
고등학교	high school	高中	trung học phổ thông
고음	high-pitched tone	高音	âm cao
고저	highs and lows	高低	cao thấp
고혈압	high blood pressure	高血压	huyết áp cao
공	ball	球	quả bóng
공개	open to the public	公开	công khai
공기	air	空气	không khí
공기 청정기	air purifier	空气净化器	máy lọc không khí
공무원	civil servant	公务员	công chức
공사	public and private matters	公私	công tư
공연	performance	公演	buổi biểu diễn
공원	park	公园	công viên
공책	notebook	本子	vở
공학	engineering	工程学	kỹ thuật
과음	heavy drinking	过度饮酒	quá chén
과학자	scientist	科学家	nhà khoa học
관객	audience	观众	khán giả
관광	tour	观光	tham quan
관심	interest	兴趣	quan tâm
광산	mine	矿山	khoáng sản
광택	gloss	光泽	bóng loáng
광합성	photosynthesis	光合作用	quang hợp
교과서	textbook	教科书	sách giáo khoa
교복	school uniform	校服	đồng phục học sinh
교수	professor	教授	giáo sư
교실	classroom	教室	lớp học
교육	education	教育	giáo dục
교통	transportation	交通	giao thông
교환	exchange	交换	trao đổi
구름	cloud	云	đám mây

한국어	영어	중국어	베트남어
국적	nationality	国籍	quốc tịch
국제선	international flight	国际线	đường bay quốc tế
귀	ear	耳朵	tai
규칙	rule	规则	quy tắc
금요일	Friday	星期五	thứ sáu
기계	machine	器械	máy móc
기사	driver	司机	tài xế
기숙사	dormitory	宿舍	ký túc xá
기술	skill	技术	công nghệ
기온	temperature	气温	nhiệt độ
기자	reporter	记者	phóng viên
기차	train	火车	tàu hỏa
기회	opportunity	机会	cơ hội
길	road	路	đường
나무	tree	树	cây
남녀	men and women	男女	nam nữ
남매	brother and sister	兄妹	anh chị em
내국인	local citizen	国人	người bản địa
내년	next year	明年	năm sau
내외	interior and exterior	内外	trong ngoài
내일	tomorrow	明天	ngày mai
냇물	stream	溪水	suối
냉장고	refrigerator	冰箱	tủ lạnh
노선	route	路线	tuyến đường
노소	young and old	老少	già trẻ
논문	dissertation	论文	luận văn
농구	basketball	篮球	bóng rổ
눈	snow	雪	mắt, tuyết
다소	somewhat	多少有些	một số
단점	wearkness	缺点	điểm yếu
단체	group	团体	tập thể
단풍	autumn foliage	红叶	lá mùa thu
달	moon	月亮	mặt trăng
대규모	large scale	大规模	quy mô lớn
대기업	major company	大企业	tập đoàn
대면	meet	线下	gặp trực tiếp
대소	large and small	大小	lớn nhỏ
대학교	university	大学	trường đại học

한국어	영어	중국어	베트남어
대학원	graduate school	研究生院	cao học
대형견	large dog	大型犬	chó to
도서관	library	图书馆	thư viện
독일	Germany	德国	Đức
독후감	book report	读后感	cảm tưởng
돈가스	pork cutlet	炸猪排	thịt lợn chiên xù
동계	winter	冬季	mùa đông
동물	animal	动物	động vật
동물원	zoo	动物园	sở thú
동산	movable assets	动产	tài sản lưu động
동서남북	East, West, South and North	东西南北	Đông Tây Nam Bắc
동영상	video	视频	video
동전	coin	硬币	đồng xu
들판	field	田野	cánh đồng
등교	go to school	上学	đi học
등록금	tuition	学费	học phí
등산	hiking	登山	leo núi
등장인물	characters	登场人物	nhân vật
마르다	dry	干涸	khô
마르다	be thirsty	口渴	khát nước
마음	mind	内心	tâm trí
마차	wagon	马车	xe ngựa
말	horse	马	ngựa
말씀	words	话	lời nói
매매	buying and selling	买卖	mua bán
매주	every week	每周	hàng tuần
매표소	ticket office	售票处	phòng vé
머리	head	头	đầu
먼지	dust	灰尘	bụi
면접	interview	面试	phỏng vấn
명당	ideal spot	好地方	đắc địa
명암	light and darkness	明暗	sáng tối
모임	gathering	聚会	cuộc gặp mặt
모자	hat	帽子	mũ
목요일	Thursday	星期四	thứ năm
무관심	indifference	漠不关心	thờ ơ
무대	stage	舞台	sân khấu

찾아보기

한국어	영어	중국어	베트남어
무선	wireless	无线	không dây
무표정	expressionless	无表情	vô cảm
문	door	门	cửa
문명	civilization	文明，文化	nền văn minh
문제	question	问题	vấn đề
문학	literature	文学	văn học
문화	culture	文化	văn hóa
묻다	ask	问	hỏi
물가	price	物价	giá
뮤지컬	musical	音乐剧	nhạc kịch
미국	the United States	美国	Mỹ
믿다	believe	相信	tin
밀치다	push	推	đẩy
바구니	basket	篮子	giỏ
바다	sea	海	biển
박물관	museum	博物馆	bảo tàng
박사	doctoral degree	博士	bằng tiến sĩ
반	class	班	lớp
반	half	半	một nửa
반장	class president	班长	lớp trưởng
발	foot	脚	chân
발명	invention	发明	phát minh
발음	pronunciation	发音	phát âm
발전	development	发展	phát triển
발표	presentation	发表	phát biểu
밝다	bright	亮	sáng
밟다	step on	踩	giẫm, đạp
방문	visit	访问	ghé thăm
방법	method	方法	cách
방송	broadcasting	广播	phát sóng
방심	inattention	大意	bất cẩn
방학	vacation	放假	kỳ nghỉ
배구	volleyball	排球	bóng chuyền
배우	actor	演员	diễn viên
백조	swan	天鹅	thiên nga
백화점	department store	百货商店	trung tâm thương mại
법학	law	法学	khoa luật
변호사	lawyer	律师	luật sư

한국어	영어	중국어	베트남어
병원	hospital	医院	bệnh viện
보관하다	keep	保管	bảo quản
복습	review	复习	ôn tập
복학	return to school	复学	sự trở lại học
부동산	real estate	不动产	bất động sản
부모	parents	父母	cha mẹ
부주의	carelessness	不注意	sự bất cẩn
분	minute	分钟	phút
분명	surely	分明	rõ ràng
분식	flour based food	面食	đồ ăn nhẹ
불규칙	irregular	不规则	bất quy tắc
불사조	phoenix	凤凰	phượng hoàng
불합격	disqualification	不及格	thi trượt
비공개	private	非公开	riêng tư
비정상	unusual	非正常	bất thường
비행기	airplane	飞机	máy bay
빙수	shaved ice	刨冰	đá bào
빛	light	光	ánh sáng
뼈	bone	骨	xương
사무실	office	办公室	văn phòng
사춘기	puberty	青春期	tuổi dậy thì
사회	society	社会	xã hội
사회학	sociology	社会学	xã hội học
산행	hiking	爬山	leo núi
삼계탕	chicken soup with ginseng	参鸡汤	canh gà nhân sâm
상	award	(领)赏	giải thưởng
상류	upstream	上流	thượng lưu
상반기	the first half year	上半年	nửa đầu năm
상점	store	商店	cửa hàng
생년월일	date of birth	出生年月日	ngày tháng năm sinh
생물학	biology	生物学	sinh vật học
생사	life and death	生死	sinh tử
생수	mineral water	矿泉水	nước suối
생일	birthday	生日	sinh nhật
생활	living	生活	đời sống
서리	frost	霜	sương
서명	signature	签名	chữ ký
서재	library	书斋	thư phòng

한국어	영어	중국어	베트남어
서점	bookstore	书店	hiệu sách
석사	master's degree	硕士	thạc sĩ
선풍기	electric fan	电风扇	quạt điện
설명	explanation	说明	giải thích
설문	survey	问卷	khảo sát
설탕	sugar	砂糖	đường
성격	personality	性格	tính cách
성과	outcome	成果	thành quả
세계	world	世界	thế giới
세기	century	世纪	thế kỷ
세대	generation	时代	thế hệ
세수	wash one's face	洗脸	rửa mặt
세월	time	岁月	thời gian
세제	detergent	洗涤剂	bột giặt
세차	car wash	洗车	rửa xe
세탁	laundry	洗衣	giặt ủi
세탁기	washing machine	洗衣机	máy giặt
소개하다	introduce	介绍	giới thiệu
소규모	small scale	小规模	quy mô nhỏ
소설	novel	小说	tiểu thuyết
소음	noise	噪音	tiếng ồn
소통	communication	沟通	giao tiếp
손	hand	手	bàn tay
손녀	granddaughter	孙女	cháu gái
손자	grandson	孙子	cháu trai
수강 신청	register for courses	选课	đăng ký học
수술	surgery	手术	phẫu thuật
수업	class	课	tiết học
수영	swimming	游泳	bơi lội
수요일	Wednesday	星期三	thứ tư
수족	hands and feet	手脚	chân tay
수족구병	hand-foot-and -mouth disease	手足口病	bệnh tay chân miệng
수준	level	水准	cấp độ
수출	export	输出	xuất khẩu
수필	essay	随笔	tiểu luận
수학	mathematics	数学	toán học
숙소	lodging	住所	nhà trọ

한국어	영어	중국어	베트남어
숙제	homework	作业	bài tập về nhà
숲	forest	树丛	rừng
쉬다	rest	休息	nghỉ ngơi
스승	teacher	老师	giáo viên
습관	habit	习惯	thói quen
습도	humidity	湿度	độ ẩm
승객	passenger	乘客	hành khách
승마	horse-riding	骑马	cưỡi ngựa
승무원	crew member	乘务员	tiếp viên hàng không
승차	board	乘车	lên xe
시	city	市	thành phố
시	hour	时, 点	giờ
시간	time	时间	thời gian
시계	clock	钟表	đồng hồ
시도	try	试图	thử nghiệm
시작	beginning	开始	bắt đầu
시장	market	市场	chợ
시합	match	比赛	thi đấu
시험	test	考试	kiểm tra
식구	family member	家庭人口	thành viên gia đình
식당	restaurant	餐厅	nhà hàng
식물	plants	植物	thực vật
신제품	new product	新产品	sản phẩm mới
실내	indoor	室内	trong nhà
실수	mistake	失误	sai lầm
악기	instrument	乐器	nhạc cụ
야구	baseball	棒球	bóng chày
약	medicine	药	thuốc
약혼	engagement	订婚	hôn ước
양	sheep	羊	cừu
양돈	pig keeping	养猪	chăn nuôi lợn
어린이	child	儿童	trẻ em
어린이집	childcare center	托儿所	nhà trẻ
어휘	vocabulary	词汇	từ vựng
언어학	linguistics	语言学	ngôn ngữ học
업무	task	业务	nhiệm vụ
여행	travel	旅行	du lịch
역사학	history	历史学	lịch sử

한국어	영어	중국어	베트남어
역할	role	角色	vai trò
연결	connection	连接	kết nối
연극	play	话剧	vở kịch
연락	contact	联系	liên lạc
연말	end of year	年底	cuối năm
연세	age (honorific)	年龄	tuổi(kính ngữ)
연속	consecutive	连续	liên tiếp
연습	practice	练习	luyện tập
연어	salmon	鲑鱼	cá hồi
연예계	entertainment industry	演艺界	ngành công nghiệp giải trí
연예인	celebrity	演艺人	người nổi tiếng
연주	musical performance	演奏	sự trình diễn
연주회	recital	演奏会	buổi hòa nhạc
연중	year round	年中	quanh năm
연출	direction	导演	biểu diễn
연휴	consecutive holidays	连休	kỳ nghỉ dài ngày
열매	fruit	果实	trái
열풍	wave	热潮	làn sóng
영국	England	英国	Anh
영상	above zero degree	零上	trên 0 độ
영하	below zero degree	零下	dưới 0 độ
영화관	theater	电影院	rạp chiếu phim
영화제	film festival	电影节	liên hoan phim
예보	forecast	预报	dự báo
예습	prepare one's lesson	预习	chuẩn bị bài
예약	reservation	预约	đặt chỗ
예정	schedule	预定	dự định
오른쪽	right side	右边	bên phải
오후	afternoon	下午	buổi chiều
온난화	global warming	全球变暖	sự nóng lên toàn cầu
온도	temperature	温度	nhiệt độ
온돌	Korean floor heating system	暖炕	hệ thống sưởi sàn Hàn Quốc
완성하다	complete	完成	hoàn thành
외교	diplomacy	外交	ngoại giao
외국어	foreign language	外国语	ngoại ngữ
외국인	foreigner	外国人	người nước ngoài

한국어	영어	중국어	베트남어
외모	appearance	外貌	ngoại hình
외식	eat out	在外就餐	ăn ngoài
왼쪽	left side	左边	bên trái
요리사	chef	厨师	đầu bếp
요일	day of the week	星期	thứ, ngày thường
우비	raincoat	雨衣	áo mưa
우산	umbrellar	雨伞	ô
우유	milk	牛奶	sữa
우회전	right turn	右转	rẽ phải
운동	exercise	运动	tập thể dục
운동선수	athlete	运动选手	vận động viên
운세	fortune	运势	vận số
운전	driving	驾驶	lái xe
운행	operation	运行	hoạt động
원룸	studio	单间	phòng đơn
월급	salary	月薪	lương
월세	monthly rent	月租费	tiền thuê phòng
월요일	Monday	星期一	thứ hai
유가	oil price	油价	giá dầu
유치원	kindergarten	幼儿园	mẫu giáo
음료수	beverage	饮料	đồ uống
음식	food	食物	thức ăn
음악	music	音乐	âm nhạc
음악회	concert	音乐会	buổi hòa nhạc
음주운전	drunk driving	酒后驾驶	lái xe khi say rượu
의사	medical doctor	医生	bác sĩ
의상	clothes	衣服	y phục
의식주	food, clothing and shelter	衣食住	ăn mặc ở
의약품	medicine and medical supplies	医药品	y dược phẩm
의학	medical science	医学	y tế
이목구비	ear, eyes, mouth and nose	耳目口鼻	tai, mắt, miệng, mũi
이슬	dew	露水	sương
인사하다	greet	打招呼	chào
인어	mermaid	人鱼	nang tien ca
인터뷰	interview	采访	phỏng vấn
일기	weather	天气	thời tiết

한국어	영어	중국어	베트남어
일본	Japan	日本	Nhật Bản
일요일	Sunday	星期天	chủ nhật
일주일	one week	一星期	một tuần
일출	sunrise	日出	mặt trời mọc
입	mouth	嘴	miệng
입국	enter a country	入境	nhập cảnh
입동	beginning of winter	立冬	lập đông
입시	entrance examination	入学考试	kỳ thi tuyển sinh
입원	hospitalization	住院	nhập viện
입추	beginning of autumn	立秋	lập thu
입춘	beginning of spring	立春	lập xuân
입하	beginning of summer	立夏	lập hạ
입학	entrance into a school	入学	nhập học
자격증	certificate	资格证	chứng chỉ
자동차	vehicle	汽车	ô tô
자료	material	资料	dữ liệu
자매	sisters	姐妹	chị em
자신감	confidence	信心	sự tự tin
자연	nature	自然	thiên nhiên
자유	freedom	自由	tự do
자전거	bicycle	自行车	xe đạp
작가	author	作者	tác giả
작문	composition	作文	sáng tác
작품	production	作品	tác phẩm
잡수시다	eat (honorific)	吃	dùng bữa
장단	rhythm	长短	nhịp phách
장점	strength	优点	điểm mạnh
저음	low-pitched tone	低音	âm trầm
전기	electricity	电气	điện
전문가	expert	专家	chuyên gia
전시회	exhibition	展览会	triển lãm
전진	forward movement	前进	tiến lên
전화	telephone	电话	điện thoại
전후좌우	all directions	前后左右	tứ phía
정	affection	情	tình cảm
정문	main gate	正门	cổng chính
정상	normality	正常	bình thường
정수기	water purifier	净水器	máy lọc nước

한국어	영어	중국어	베트남어
정치인	politician	政治家	chính trị gia
정치학	political science	政治学	chính trị học
조명	lighting	灯光	thắp sáng
조모	grandmother	祖母，奶奶	bà
조절하다	control	调节	điều tiết
졸업	graduation	毕业	tốt nghiệp
좌회전	left turn	左转	rẽ trái
주말	weekend	周末	cuối tuần
주먹	fist	拳头	nắm đấm
주무시다	sleep (honorific)	睡觉	ngủ
주문	order	点单	đặt hàng
주민	resident	居民	cư dân
주소	address	地址	địa chỉ
주의	caution	注意	thận trọng
주인공	main character	主人公	nhân vật chính
주중	weekdays	周中	các ngày trong tuần
주차장	parking lot	停车场	bãi đậu xe
주택	house	住宅	nhà ở
준비물	supplies	准备物品	đồ cần chuẩn bị
중간	the middle	中间	ở giữa
중국	China	中国	Trung Quốc
중심	center	中心	trung tâm
중학교	middle school	中学	trường trung học cơ sở
쥐다	grip	握拳	nắm lại
지구	earth	地球	trái đất
지도	map	地图	bản đồ
지도하다	guide	指导	hướng dẫn
지붕	roof	屋顶	mái nhà
지상	above ground	地上	mặt đất
지역	area	地区	khu vực
지중해	the Mediterranean	地中海	Địa Trung Hải
지진	earthquake	地震	động đất
지하	basement	地下	tầng hầm
지하철	subway	地铁	tàu điện ngầm
지휘하다	conduct	指挥	chỉ huy
직사광선	direct sunlight	直射光线	ánh nắng trực tiếp
직업	occupation	职业	nghề nghiệp
직업병	occupational disease	职业病	bệnh nghề nghiệp

한국어	영어	중국어	베트남어
직원	employee	职员	nhân viên
직장	workplace	工作单位	nơi làm việc
질문	question	提问	câu hỏi
질병	disease	疾病	bệnh tật
차다	kick	踢	đá
차선	lane	车线	làn đường
창문	window	窗户	cửa sổ
책	book	书	sách
책상	desk	书桌	bàn
책임	responsibility	责任	trách nhiệm
책장	bookshelf	书架	giá sách
청바지	jeans	牛仔裤	quần jean
청소기	vacuum	吸尘器	máy hút bụi
청춘	youth	青春	thanh niên
첼로	cello	大提琴	đàn cello
초가집	thatched-roof house	草房	ngôi nhà tranh
초급반	beginner's class	初级班	lớp sơ cấp
초대하다	invite	招待	mời
초등학교	elementary school	小学	trường tiểu học
초록색	green	绿色	xanh lá cây
초식동물	herbivore	草食动物	động vật ăn cỏ
최고	top, the best	最高	tốt nhất
최저	lowest	最低	thấp nhất
추석	Chuseok	中秋	Tết trung thu
추수	harvest	秋收	thu hoạch
축구	soccer	足球	bóng đá
춘하추동	spring, summer, autumn and winter	春夏秋冬	xuân hạ thu đông
출국	leave a country	出国	xuất cảnh
출발	departure	出发	khởi hành
출석	attendance	出席	điểm danh
출입구	doorway	出入口	lối ra vào
출입문	door	出入门	cửa ra vào
춤	dance	舞	nhảy
취직	get a job	就业	tìm việc làm
친척	relative	亲戚	người thân
코	nose	鼻子	mũi
탁자	table	桌子	bàn

한국어	영어	중국어	베트남어
태권도	Taekwondo	跆拳道	Taekwondo
태풍	typhoon	台风	bão
탁구	table tennis	乒乓球	bóng bàn
토요일	Saturday	星期六	thứ bảy
통역	interpretation	翻译	phiên dịch
통행	pass	通行	thông hành
퇴원	be discharged from the hospital	出院	xuất viện
투자	investment	投资	đầu tư
투표	vote	投票	bỏ phiếu
판매	sale	贩卖	bán
판사	judge	法官	thẩm phán
평가	evaluation	评价	đánh giá
폭력	violence	暴力	bạo lực
폭설	heavy snow	暴雪	bão tuyết
폭염	heat wave	酷暑	đợt nắng nóng
폭포	waterfall	瀑布	thác nước
폭풍우	rainstorm	暴风雨	mưa bão
표정	facial expression	表情	biểu cảm
표준어	standard language	标准语	ngôn ngữ chuẩn
표현	expression	表现	biểu hiện
푸르다	blue	蓝色	xanh
풀	grass	草	cỏ
피	blood	血	máu
하계	summer	夏季	mùa hè
하류	downstream	下流	hạ lưu
하반기	the second half year	下半年	nửa cuối năm
하복	summer clothes	夏服	quần áo mùa hè
학계	academia	学界	giới học thuật
학교	school	学校	trường học
학기	semester	学期	học kỳ
학기말	end of semester	学期末	cuối học kỳ
학생	student	学生	học sinh
학생회관	student center	学生会馆	hội học sinh
학습	learning	学习	học tập
학용품	school supplies	学习用品	đồ dùng học tập
학원	cram school	课后补习班	học viện
한계	limit	界限	giới hạn

한국어	영어	중국어	베트남어
한국	Republic of Korea	韩国	Hàn Quốc
한우	Korean beef	韩牛	thịt bò Hàn Quốc
한의원	Oriental medical clinic	中医院	phòng khám Đông y
할부	monthly installment plan	分期付款	trả góp
할인	discount	打折	giảm giá
합격	pass	合格	đỗ
해	Sun	太阳	mặt trời
해변	beach	海边	bãi biển
해산물	seafood	海鲜	hải sản
해외	overseas country	海外	nước ngoài
행사	event	活动	sự kiện
헤엄치다	swim	游泳	bơi
현금	cash	现金	tiền mặt
현재	present	现在	hiện tại
형제	sibling	兄弟	anh chị em
호우주의보	heavy rain warning	暴雨注意警报	cảnh báo mưa lớn
화가	artist	画家	hoạ sĩ
화면	screen	画面	màn hình
화병	vase	花瓶	bình hoa
화복	misfortune and fortune	祸福	họa phúc
화산	volcano	火山	núi lửa
화요일	Tuesday	星期二	thứ ba
화장실	restroom	洗手间	nhà vệ sinh
화장품	cosmetics	化妆品	mỹ phẩm
화학	chemistry	化学	hóa học
환승	transfer	换乘	chuyển tuyến
활동	activity	活动	hoạt động
회사원	company worker	公司职员	nhân viên văn phòng
회식	company meal	公司聚餐	tiệc công ty
회의	meeting	会议	meeting
후배	junior	后辈	hậu bối
후식	dessert	餐后甜点	món tráng miệng
후진	backing	倒车	sự lùi
훈련	training	训练	đào tạo
휴가	vacation	休假	kỳ nghỉ
휴식	rest	休息	nghỉ ngơi
휴일	holiday	休息日	ngày nghỉ
휴학	take time off from school	休学	bảo lưu

저자소개

■ 박지선

한국외국어대학교(학사) 뉴욕대학교(석사)
영어, 중국어, 동아시아학 전공
미국 뉴욕대학교(NYU) Korean Language Coordinator
Clinical Associate Professor

■ 김천미

한국외국어대학교(학사, 석사)
외국어로서 한국어교육 전공
전 연세대학교 한국어학당 강사
미국 뉴욕대학교(NYU) Clinical Associate Professor

■ Jae Eun Yoon(정재은)

한국외국어대학교(학사, 석사)
한국어교육, 국어학 전공
전 연세대학교 한국어학당 강사
미국 캘리포니아 대학교 로스앤젤레스(UCLA) Korean Lecturer

■ 권미경

연세대학교(학사, 석사), 동아대학교(박사)
교육사회문화 전공
전 연세대학교 한국어학당 강사
전 동국대학교 국제어학원 부주임 강사
동국대학교 강사

외국인을 위한
원픽 한자 1
ONE PICK HANJA 1

초판 1쇄 인쇄 / 2025년 1월 10일
초판 1쇄 발행 / 2025년 1월 15일

•

공저자 / 박지선 김천미 정재은 권미경
발행인 / 이 중 수
발행처 / **동 문 사**

•

서울특별시 서대문구 홍제원 1길 12
(홍제동 137-8)
Tel : 02)736-3718(대), 736-3710, 3720
Fax : 02)736-3719
등록번호 : 1974.04.27. 제9-17호
가격 : 20,000원

•

ISBN : 979-11-6328-631-8 (13700)
E-mail : dong736@naver.com
www.dongmunsa.com